CHAMBRE DE COMMERCE
DE BOULOGNE-SUR-MER.

RAPPORT ET DÉLIBÉRATION

SUR LES AMÉLIORATIONS

DONT EST AUJOURD'HUI SUSCEPTIBLE

LA LÉGISLATION

DE LA

PÈCHE DU HARENG

BOULOGNE-SUR-MER.

IMPRIMERIE DE CHARLES AIGRE, RUE DES VIEILLARDS, N° 3.

—

1858.

CHAMBRE DE COMMERCE

DE BOULOGNE-SUR-MER.

RAPPORT ET DÉLIBÉRATION

SUR LES AMÉLIORATIONS

DONT EST AUJOURD'HUI SUSCEPTIBLE

LA LÉGISLATION

DE LA

PÊCHE DU HARENG

BOULOGNE-SUR-MER.

IMPRIMERIE DE CHARLES AIGRE, RUE DES VIEILLARDS, N° 3.

1858.

F

CHAMBRE DE COMMERCE

DE BOULOGNE-SUR-MER.

RAPPORT ET DÉLIBÉRATION

SUR LES AMÉLIORATIONS

DONT EST AUJOURD'HUI SUSCEPTIBLE

LA LÉGISLATION

DE LA

PÊCHE DU HARENG

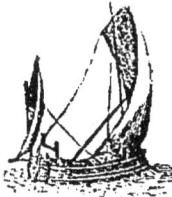

BOULOGNE-SUR-MER.

IMPRIMERIE DE CHARLES AIGRE, RUE DES VIEILLARDS, N° 3.

1858.

RAPPORT ET DÉLIBÉRATION

SUR LES AMÉLIORATIONS

DONT EST AUJOURD'HUI SUSCEPTIBLE LA LÉGISLATION

DE

LA PÈCHE DU HARENG.

SÉANCES DES 17 ET 20 MAI 1858.

I. — Rapport fait à la Chambre au nom de sa Commission permanente des pêches maritimes, — 1° sur la législation de la pêche et
de la salaison du hareng;—2° sur une proposition tendant à l'abaissement du droit d'entrée des salaisons étrangères.

II. — Discussion des conclusions de ce Rapport

III. — Résolutions adoptées par la Chambre.

I. — RAPPORT DE LA COMMISSION.

MESSIEURS,

Des études prescrites par S. Exc. M. le Ministre de l'Agri- | Exposé de la question à
culture et du Commerce sur la valeur comparée des salaisons | étudier.
de hareng anglaises et des nôtres, et des observations échan-
gées entre plusieurs Départements Ministériels sur l'insuffisance
de notre production, eu égard à l'extension des besoins de la
consommation, ont donné naissance à une proposition d'abaissement du droit d'entrée sur les salaisons étrangères.

Cette proposition a soulevé ici et au dehors de longs et vifs
débats.

Vous avez chargé votre Commission permanente des pêches

maritimes de résumer ces discussions et de vous soumettre un avis motivé sur toutes les questions qu'elles ont agitées.

Ces questions sont nombreuses, et il n'en saurait être autrement ! On ne peut toucher à l'un des points d'une législation fort complexe, mais soumise néanmoins à des principes généraux qui rétablissent l'unité dans sa variété infinie, sans l'ébranler tout entière. Nos études et nos recherches ont donc dû porter à la fois et sur la valeur actuelle de ces principes généraux et sur celle des applications multipliées qui en ont été faites.

L'étendue et les difficultés de cette tâche expliqueront, en la justifiant, la longueur inusitée du Rapport que nous vous soumettons. Nous le diviserons d'ailleurs, avec soin, pour moins fatiguer l'attention.

§ Ier. —Exposé succinct de la législation actuelle.

Législation actuelle de la pêche du hareng. S'agissant ici de juger toute une législation, il faut dès l'abord la faire connaître : notre travail ne peut être bien compris qu'à cette condition.

1o Droit international. Convention de 1839. I. — Considérée par rapport au domaine dans lequel elle s'exerce, la pêche du hareng, comme celle de tous les autres poissons au surplus, est régie par une convention diplomatique du 2 Août 1839, laquelle tient nos pêcheurs à trois milles de distance des côtes poissonneuses de l'Angleterre, en calculant les trois milles non du fond des baies, mais d'une ligne directe tirée de cap en cap, pour toutes les baies dont l'ouverture n'excède pas dix milles.

Un réglement général du 24 mai 1843 a déterminé minutieusement les devoirs et les obligations des pêcheurs des deux pays dans les mers limitrophes, ainsi que les pénalités encourues en cas d'infractions.

Une loi du 23 Juin 1846 a rendu ce réglement exécutoire.

L'Angleterre n'a tenu que très-faiblement la main à l'observanco des limites tant qu'elle a vu ses pêcheurs s'enrichir par la vente qu'ils faisaient aux nôtres du produit de leur pêche. Elle s'est montrée plus rigoureuse depuis qu'à partir de 1852 cette fraude d'achat a été réprimée par la station française de surveillance. Elle semble disposée aujourd'hui à plus de sévérité que jamais.

Il appert d'une dépêche de M. le Ministre de la Marine et des Colonies, en date du 16 Avril dernier, que, sur la dénonciation qui lui a été faite de plaintes de nos pêcheurs contre des actes de violence dont ils auraient été victimes de la part de pêcheurs anglais sur la côte du Northumberland, le Gouvernement britannique aurait décidé que cinq bâtiments de plus seraient ajoutés à sa croisière en vue de réprimer ces désordres, mais en même temps de faire respecter strictement les limites.

M. le Ministre de la Marine annonce que, de son côté, le Gouvernement français est très-résolu à sévir contre tous les contrevenants, et que la levée pour le service sera infligée par mesure disciplinaire aux équipages surpris en état d'infraction qui lui seraient signalés par M. le Commandant de la station de la mer du Nord.

Le 10 de ce mois, le Comité des Armateurs et Patrons de Pêche de Boulogne a adressé à S. Exc. une pétition tendant,—en premier ordre, à ce que le gouvernement ne donne pas suite à cette menace de sévérité ; — en second ordre, à ce que MM. les officiers de la croisière dirigent leur action dans le sens de la défense de nos pêcheurs contre les mesures arbitraires des croiseurs anglais, lesquels ne se contenteraient pas de les tenir au-delà des limites réservées, mais les chasseraient encore, dans la mer libre, des endroits où abonderait le poisson, afin de faire place à leurs nationaux !

Par lettre du 11 Mai, le Comité a prié la Chambre de se joindre à lui pour appuyer cette pétition.

— Nous examinerons plus loin dans quelle mesure il convient que la Chambre intervienne.

II.—Sous le rapport des autres conditions légales dans 2e Police de la pêche.

lesquelles elle peut se faire, la pêche du hareng est régie par les deux décrets des 28 Mars et 7 juin 1852, dont les dispositions sont extrêmement sévères.

Notre Chambre a contribué de tous ses moyens à leur adoption, parce qu'il fallait les consentir ainsi pour sauver de la prohibition absolue dont elle était menacée la pêche d'été que des abus de toutes les sortes avaient déshonorée et compromise auprès d'un grand nombre d'esprits.

Le principe de cette législation est la limitation déguisée, mais réelle, de la pêche.

— L'immunité des droits refusée aux *salaisons faites en mer*, si ce n'est — aux produits rapportés de la pêche dite d'Écosse, du 1er Août au 30 Septembre, — aux produits rapportés d'Yarmouth ou des côtes de France, du 1er Octobre au 31 Décembre.

— Comme moyen de mieux assurer l'obéissance à cette prescription, le sel refusé avant le 1er Juillet pour la première de ces pêches, avant le 15 Septembre pour la seconde : ce qui implique l'obligation d'un retour au port et d'un désarmement partiel à la fin de chacune de ces périodes.

— Traitement du poisson de pêche étrangère appliqué à tout le hareng *salé* importé soit des parages d'Angleterre, soit des côtes de France, à toutes autres époques de l'année. — De même aux harengs *frais* rapportés des mêmes lieux du 1er Janvier au 31 Juillet, dans le cas d'absence de plus de trois jours des bateaux importateurs.

— La pêche interdite partout ailleurs que dans ces parages de l'Angleterre ou sur nos côtes, et la présomption de fraude appliquée à tout bateau surpris du 1er Octobre au 31 Décembre au-delà des 53 degrés 33 minutes de latitude Nord.

Telles sont les bases de cette législation qui, d'ailleurs, œuvre d'hommes aussi savants qu'expérimentés, renferme les dispositions les plus propres à garantir la sincérité de la pêche, à réprimer la fraude de l'achat.

— Nous aurons à examiner si ces bases doivent être maintenues ou renversées.

III. — La préparation du hareng en forme de salaisons de toutes les sortes, et la vente en cette forme, sont réglementées par de nombreuses dispositions que déterminent, — pour toutes nos côtes, l'ordonnance du 14 Août 1816, copie presque littérale du décret du 8 Octobre 1810 et d'un arrêt du Parlement de Rouen du 23 Mai 1765, — et pour notre port de Boulogne, un arrêté municipal du 30 Novembre 1819, rendu exécutoire par une ordonnance du 29 Février 1820.

En substance, ces textes:

— Défendent de vendre *comme frais* du hareng ayant plus de deux nuits, sans dire, on le conçoit de reste, à quels signes certains son âge se reconnaîtra.

— Défendent de le vendre après onze heures du soir.

— Interdisent de vendre celui de trois nuits autrement que pour la subsistance de ceux qui voudront l'acheter aux débitants, revendeuses et chasse-marées, ou pour faire l'espèce de harengs dite craquelots; prohibitions un peu naïves, car les exceptions sont si larges que la règle y disparaît tout entière.

— Prescrivent que le hareng caqué et salé en vrac dans des barils restera au moins huit jours dans sa saumure, et que ce bain de sel sera de dix jours pour celui qui est préparé à terre dans des cuves en bois ou en maçonnerie; sans tenir compte des mille différences que— les circonstances atmosphériques, —l'âge du poisson,—le mode de travail,—l'objet que se propose le saleur — peuvent légitimer.

— Réglementent plus minutieusement encore les préparations de saurissage: obligeant de ne soumettre à ce genre d'apprêt que les poissons d'un certain âge, — de prévenir les syndics du jour où le feu s'allume,—de les prévenir encore trois jours avant la dépente, à cette fin de s'assurer que la marchandise remplit bien les conditions voulues: étrange système qui rend les représentants de l'autorité publique moralement responsables de la bonne ou de la mauvaise confection.

— Imaginent une marque à feu qui ne sera plus seulement un moyen de bonne police, c'est-à-dire de reconnaissance certaine de la provenance de la marchandise, mais aura encore la prétention de faire distinguer la marchandise supérieure de la médiocre, sans fournir, parce que cela est impossible, les moyens d'empêcher les fraudes commises hors du rayon de la surveillance ; en telle sorte que la marque réservée à l'excellence des produits se transforme en une facilité de tromper l'acheteur sur la qualité de la marchandise.

— Instituent enfin, sous le nom de syndics, pour le maintien de toutes ces prescriptions, des agents assermentés, lesquels, de quelque zèle qu'ils soient animés, ne peuvent suffire à la multiplicité de leurs devoirs, et, de fait, n'ont que bien rarement pu remplir au complet le but de leur création.

— Nous essaierons d'apprécier ce que valent encore aujourd'hui ces réglements qui partout substituent l'intervention, et par conséquent la responsabilité, de la loi à la libre action des intérêts s'exerçant dans les limites du droit commun.

4o Affranchissement de l'impôt du sel.

IV.—Dans leurs rapports avec l'impôt du sel, énorme autrefois, modéré depuis dix ans, ces préparations, même faites à terre et dans des ateliers multipliés à l'infini, et cachés aux lieux les plus secrets des habitations, jouissent du privilége de l'immunité de taxe !

Présent funeste, qui, à raison du manque de garanties suffisantes contre la fraude, a déterminé de tous temps la confection de grandes quantités de salaisons défectueuses, lesquelles n'ont que trop contribué à déprécier cet aliment en France ; et qui, du reste, a fait naître au sein des administrations fiscales d'invincibles défiances, aussi bien que la plus sévère parcimonie dans la délivrance des quantités de sels nécessaires aux différentes préparations.

Cette législation spéciale est tout entière aujourd'hui :

1° Dans l'ordonnance du 30 Octobre 1816, laquelle autorise l'administration des Douanes à délivrer en franchise :

—Pour cent kilogrammes de hareng blanc . 27 kil. de sel.
—Pour 12,240 harengs saurs . . . . 155 »
—Pour 12,240 harengs bouffis ou craquelots. 75 »

2° Dans l'article 2 du décret-loi du 28 Mars 1852, lequel

limite à 100 kil. par tonneau de jauge les quantités à délivrer pour la pêche d'Yarmouth, —l'article 4 du décret réglementaire du 7 Juin même année, qui abaisse cette limite à 90 kil., —le décret récent du 12 Septembre 1857 qui revient sur cette dernière restriction et accorde tout ce que la loi permet.

—Nous aurons à rechercher ce que vaut en réalité ce système.

V. — Enfin, dans leurs rapports avec la législation protectrice du travail national, la pêche et la salaison sont défendues par un tarif essentiellement prohibitif, lequel date, à vrai dire, du 2-15 Mars 1791. Le droit d'entrée est de 40 fr. des 100 kil. par navire français, de 44 fr. par navire étranger.

5° Régime douanier. — Protection.

Il n'est pas inutile de faire remarquer :

—Que sous l'empire du tarif de Colbert ou de 1671, les harengs blancs et sorets ne paient rien à l'entrée ; acquittant, au contraire, *une livre* à la sortie.

—Que celui du 2-15 Mars 1791, qui lui succède, taxe tous les poissons de mer français, salés ou fumés, à 20 livres tournois le quintal, poids de marc ; ce qui correspond à 40 fr. 80 c. des cent kilogrammes.

—Que, dans l'intérêt de l'alimentation publique, le décret du 19 Mai 1793, en même temps qu'il suspend la prime accordée à l'exportation, réduit à 50 sous par livre brute (soit 5 fr. 10 c. des 100 kil.) le droit sur les harengs ou maquereaux salés ou fumés, à 5 livres sur tous les autres poissons de mer, secs, marinés, salés ou fumés.

—Que, dans ce même intérêt, la loi du 12 Pluviôse an III, réduit ces droits au dixième ; ce qui ne laisse plus subsister que les taxes suivantes :

100 kil. — Poissons frais.	4 f.	00 c.
» Harengs et maquereaux, salés ou fumés.	0	51
» Autres poissons, traités de même. .	1	02

— Que celle du 3 Frimaire an V, rapporte ces dispositions transitoires, pour faire revivre le tarif du 19 Mai 1793.

— Que celle du 9 Floréal an VII décide que le poisson de pêche étrangère paiera la moitié du droit déterminé par le tarif de 1791 ; et cependant, se mettant à l'instant même en opposition avec cette règle, abaisse à cinq centimes par myriagramme, soit 50 c. des 100 kil. le droit à percevoir sur tous les poissons frais de même origine, le hareng et le maquereau exceptés.

— Que l'arrêté consulaire du 2 Thermidor an XI rétablit le tarif de 1791 sans aucune dérogation.

— Et qu'après la loi du 8 Floréal an XI qui abaisse le droit à 40 fr. juste des 100 kil., celle du 22 Ventôse an XII décrète une réduction de moitié *durant la guerre*.

Cette dernière tarification se maintint jusqu'à la paix où l'ordonnance du 27 Juin 1814, bientôt suivie de la loi du 17 Décembre même année, qui est encore aujourd'hui le titre de perception, rétablit le droit de 40 fr.

Nous n'hésitons pas à constater de cette manière que, si l'on en excepte les périodes de disette et de guerre, la législation protectrice, depuis 1791 jusqu'à nos jours, a pour base le droit de 40 francs ; car son ancienneté même et son maintien immuable, sans autre tempéraments que des variations accidentelles et passagères, est précisément ce qui semble le condamner.

A-t-il atteint son but ?

A-t-il rendu nos pêches actives et prospères ?

L'excessive sécurité dont elles ont joui, contre toute concurrence étrangère, a-t-elle produit des résultats si avantageux qu'il n'y ait qu'à les faire vivre toujours de cette paisible existence ?

La population maritime est-elle heureuse ? Trouve-t-elle dans son métier une rémunération qui en compense suffisamment les rudes labeurs et les dangers ?

Les besoins de l'alimentation publique sont-ils bien satisfaits ?

La réponse à toutes ces questions est négative. Il en faut conclure que, sous tous les rapports, il convient de modifier un système qui a traversé deux tiers de siècle environ sans féconder, à beaucoup près, au degré désirable cet élément de notre richesse publique et de la puissance nationale.

§ 2. — Résultats quant à la Pêche du Hareng de la Législation de 1852.

Quelque jugement qu'il faille porter de la législation de 1852, il restera toujours qu'elle a rendu de grands services ; car son application depuis plus de cinq ans, jointe au respect des limites de la Convention de 1839 imposé à peu près stric- tement dans le même intervalle, aura démontré que ceux-là n'étaient pas dans l'erreur qui prétendaient que la pêche en haute mer était *commercialement* possible.

La législation de 1852 a mis un terme à la fraude de l'achat.

Ses résultats matériels sont relativement satisfaisants.

Pour en faire bien juger, nous donnons ici les résultats de la pêche du hareng dans notre port pendant trois périodes bien distinctes. — L'une va de 1837 à 1841 : nous la considérons comme une excellente époque de la pêche d'Écosse, parce que, dans une forte proportion au moins, la pêche y est sincère et se fait dans de bonnes conditions économiques. La seconde s'établit de 1847 à 1851 : c'est le temps où, malgré la Conven- tion, non respectée alors, de 1839, ou précisément à cause de cette Convention et du relâchement de la surveillance, la pêche d'été n'est plus que nominale en France; nos pêcheurs ne faisant guères que rapporter le poisson pêché, souvent même salé, par leurs rivaux. La troisième va de 1853 à 1857 ; c'est une époque de vigilance de la station navale, d'applica- tion sévère de la législation de 1852, de respect des limites ; et nous allons voir que les résultats qu'elle fournit sont assez satisfaisants pour que l'épreuve puisse être considérée comme décisive, et pour que la législation de notre pays puisse désor- mais s'établir sur la double base de la pêche en haute mer et de la liberté complète de cette pêche.

RÉSULTATS DE LA PÊCHE DU HARENG AU PORT DE BOULOGNE

Pendant les trois périodes quinquennales 1837-1841, 1847-1851, 1853-1857.

ANNÉES.	NOMBRE DE BATEAUX.	TONNAGE.	NOMBRE d'hommes D'ÉQUIPAGE.	PRODUIT DE LA PÊCHE D'ÉCOSSE. en quantités DE POISSONS. KIL.	EN ARGENT. FR. C.	PRODUIT DE LA PÊCHE D'YARMOCTH. en quantités DE POISSONS. KIL.	EN ARGENT. FR. C.	PRODUIT TOTAL DES DEUX PÊCHES. en quantités DE POISSONS. KIL.	EN ARGENT. FR. C.	NOMBRE DE BARILS de SALAISONS confectionnés
1837	144	2,510	1,706	952,600	316,970 »	5,667,574	942,840 »	6,620,174	1,259,810 »	32,749
1838	123	3,020	1,540	2,460,078	387,310 »	2,992,000	685,000 »	5,452,678	1,072,310 »	23,377
1839	122	2,790	1,532	1,330,274	346,010 »	1,695,122	426,000 »	3,025,396	772,010 »	16,482
1840	120	3,140	1,508	1,719,740	455,997 »	2,905,210	672,000 »	4,624,950	1,127,997 »	23,937
1841	130	2,760	1,447	1,274,790	270,187 »	2,530,000	552,500 »	3,804,790	822,687 »	17,530
	639	14,220	7,733	7,738,082	1,776,474 »	15,789,906	3,278,340 »	23,527,988	5,054,814 »	114,075
1847	152	2,367	1,460	1,247,480	206,880 »	3,566,200	682,080 »	4,813,680	978,960 »	22,297
1848	141	2,715	1,599	931,605	192,127 »	3,700,400	716,532 »	4,632,005	908,659 »	20,252
1849	125	2,402	1,119	2,049,676	446,390 »	2,820,400	577,100 »	4,870,076	1,023,490 »	22,481
1850	132	2,639	1,221	2,322,580	402,050 »	2,920,588	610,301 90	5,243,168	1,015,351 90	25,280
1851	118	2,255	1,133	1,949,090	403,104 »	4,249,498	1,018,277 59	6,198,588	1,421,381 59	28,959
	668	12,378	6,532	8,500,431	1,740,551 »	17,257,086	3,607,291 49	25,757,517	5,347,842 49	119,269
1853	118	2,765	1,250	1,452,100	583,633 50	3,389,540	1,095,860 50	4,841,640	1,694,499 »	25,737
1854	98	3,164	2,471	1,744,860	770,570 85	4,091,494	1,331,528 41	5,836,354	2,102,099 26	30,395
1855	93	3,560	1,310	1,138,020	485,455 94	5,135,900	1,552,073 25	6,273,920	2,037,529 19	34,848
1856	107	3,111	1,429	2 235,000	484,989 »	4,908,200	1,521,583 96	6,143,200	2,006,572 96	33,796
1857	113	3,379	1,745	1,669,172	625,736 55	4,569,510	1,116,122 07	6,238,682	1,741,858 62	35,172
	519	15,973	8,205	7,239,152	2,950,384 84	22,094,644	6,617,174 19	26,333,796	9,567,559 03	159,948

COMPARAISON DES MOYENNES ANNUELLES

Fournies par les trois périodes 1837-1841, 1847-1851, 1853-1857.

PÉRIODES.	NOMBRE DE BATEAUX.	TONNAGE.	NOMBRE d'hommes d'ÉQUIPAGE.	PRODUIT DE LA PÊCHE D'ÉCOSSE.		PRODUIT DE LA PÊCHE D'YARMOUTH Et de la Pêche Côtière		PRODUIT TOTAL DES DEUX PÊCHES.		NOMBRE DE BARILS de SALAISONS confectionnés
				en quantités DE POISSONS.	EN ARGENT.	en quantités DE POISSONS.	EN ARGENT.	en quantités DE POISSONS.	EN ARGENT.	
				KIL.	FR. C.	KIL.	FR. C.	KIL.	FR. C.	
1837—1841	194	2,844	1,547	1,547,616	355,295 »	3,157,981	665,668 »	4,705,598	1,010,963 »	22,815
1847—1851	185	2,475	1,306	1,700,086	348,110 »	3,451,417	721,458 »	5,151,501	1,069,568 »	23,842
1853—1857	164	3,195	1,641	1,447,830	590,077 »	4,418,929	1,323,435 »	5,886,759	1,913,512 »	31,990

Les données fournies par ces chiffres sont des plus satis-
faisantes. Si dans la dernière période le nombre des bateaux
diminue, c'est que leur capacité est plus grande, car le
tonnage augmente dans une remarquable proportion. Si les
quantités de poissons rapportées de la pêche d'Écosse sont
plus faibles, en revanche le prix en est considérablement plus
élevé ; et à la fin de la campagne, sous tous les rapports — des
quantités pêchées, — des prix de vente, — du nombre de barils
de salaisons confectionnées, — l'avantage est en faveur de la
période de complète sincérité de la pêche.

Quel enseignement sort de ces chiffres, si ce n'est que ce
régime de la pêche réelle est profitable à tous les intérêts, et
qu'il n'y a rien de plus à faire qu'à le débarrasser de toutes
les entraves réglementaires et fiscales qui l'empêchent de
prendre tout son essor ?

Ces données qui, en ce qui concerne notre port, doivent
inspirer une entière confiance, parce que les chiffres qui les
fournissent sont puisés à des sources officielles très-exactes,
ne sont pas sérieusement contredites par l'ensemble des
résultats de la pêche du hareng pour tous les ports de la
France.

Ces résultats, que l'Administration des Douanes devrait
publier annuellement, ports par ports, au même titre qu'elle
publie ceux de la pêche à la morue, nous sont fournis, mais
depuis 1849 seulement, par l'excellent recueil des *Annales du
Commerce extérieur*.

Voici la comparaison des quatre années d'*achat*, de 1849
à 1852, avec les quatre années de pêche réelle, de 1853
à 1856.

RÉSULTATS DE LA PÊCHE FRANÇAISE DU HARENG DE 1849 A 1852.

ANNÉES.	NATURE DU POISSON.	NOMBRE DE BATEAUX.	TONNAGE.	HOMMES D'ÉQUIPAGE.	MOUSSES.	QUANTITÉS de Poissons DÉBARQUÉS.	TOTAL.
						KILOG.	KILOG.
1849	Hareng frais.	465	8,089,50	4,024	870	6,027,776	17,884,510
—	— salé.	197	7,891,12	2,262	388	11,856,734	
1850	— frais.	452	9,291,05	4,035	818	7,329,416	16,916,560
—	— salé.	186	7,810,29	2,220	383	9,587,144	
1851	— frais.	411	7,291,36	3,524	679	6,227,000	14,807,612
—	— salé.	183	7,492,08	2,229	379	8,580,612	
1852	— frais.	490	8,827	4,155	370	5,750,034	9,018,815
—	— salé.	147	6,543	2,418	211	3,298,781	
Moyenne annuelle.	— frais.	454	8,524	4,009	681	6,333,550	14,664,374
	— salé.	178	7,444	2,282	310	8,330,818	
		632	15,968	6,291	1,024		

RÉSULTATS DE LA MÊME PÊCHE DE 1853 A 1856.

ANNÉES.	NATURE DU POISSON.	NOMBRE DE BATEAUX.	TONNAGE.	HOMMES D'ÉQUIPAGE.	MOUSSES.	QUANTITÉS de Poissons DÉBARQUÉS.	TOTAL.
						KILOG.	KILOG.
1853	Hareng frais.	471	9,086,11	4,291	372	5,870,441	11,636,005
—	— salé.	200	7,551,21	2,897	225	5,765,564	
1854	— frais.	380	6,961	3,514	»	5,900,447	11,581,423
—	— salé.	208	8,653	3,519	»	5,680,976	
1855	— frais.	357	7,668	3,974	»	8,110,727	12,701,459
—	— salé.	382	8,074	4,041	»	4,593,732	
1856	— frais.	205	9,208	3,724	»	4,559,109	11,251,517
—	— salé.	249	7,488	2,921	»	6,692,308	
Moyenne annuelle.	— frais.	353	8,231	3,876	»	6,110,181	11,793,826
	— salé.	310	7,941	3,353	»	6,033,145	
		663	16,172	7,229	»		

Sans doute, contrairement à ce qui s'est remarqué dans notre port sur les pêches autres que celles d'été, les quantités rapportées sont moindres dans la seconde période que dans la première; la suppression de l'achat rend compte de cette décroissance apparente : mais indépendamment de ce que les prix de vente ont été sans le moindre doute plus élevés partout comme ici, — ce qui est une compensation suffisante déjà, — indépendamment aussi des immenses avantages politiques et moraux du second régime sur le premier, il est fort remarquable que le nombre de bateaux, le tonnage, le nombre d'hommes d'équipage, tout grandit dans la seconde période. L'expérience est satisfaisante à quelque point de vue qu'on se place : une heureuse impulsion a été donnée, et il ne faut plus que seconder ce mouvement.

Nous allons voir se produire, grâces à la sollicitude de l'Administration elle-même, les idées à l'adoption desquelles semblent promises ces heureuses conséquences.

---

§ 3. — Renaissance de la proposition d'abaissement du droit d'entrée sur les salaisons étrangères et de l'amélioration des dispositions législatives.

Études des départements du Commerce et de la Marine. Le 18 février 1857, S. Exc. M. le Ministre du Commerce vous communiqua divers renseignements qui lui avaient été transmis par le département de la Marine sur les résultats généraux de la pêche du hareng à Yarmouth pendant la campagne de 1856.

Mérite de ces études. Justes éloges. C'est ici le lieu de rendre hommage à ces deux départements. Ni l'un ni l'autre n'a pensé que tout fût dit après la législation de 1852, et qu'il n'y eût plus qu'à la laisser fonctionner à tout évènement. Ils ne l'ont considérée que comme une législation de transition dont il fallait étudier avec grand soin les effets, en vue de l'améliorer, de la transformer même complètement, si on le pouvait avec sécurité, pour doter un jour cette partie si importante de notre travail national d'institutions plus progressives.

Aussi, à aucune époque, les communications de ces deux départements relatives aux pêches maritimes n'ont-elles eu plus de fréquence et de valeur. En particulier, MM. les Officiers commandant les stations navales, stimulés par le noble exemple que leur en avaient donné MM. de Montaignac et de Maucroix, se sont livrés à des études spéciales du plus grand intérêt.

La communication que vous faisait ainsi M. le Ministre du Commerce était l'œuvre de l'un de ces Officiers.

Première communication en résultant : elle signale l'infériorité de nos salaisons.

Après avoir constaté que, malgré l'abondance exceptionnelle du hareng en 1856, le prix n'en avait pas diminué sur le littoral anglais, pendant toute la durée de la saison, ce qui démontrait l'élasticité de la consommation ;—après avoir parlé — du merveilleux mouvement d'activité que présentaient les ports d'Yarmouth et de Lowestoff, vers lesquels affluaient les bateaux de Rye, d'Hastings, de Penzance ; — des recettes énormes (37,000 francs par semaine!) que faisait pour les transports de harengs le chemin de fer d'Yarmouth , *malgré*, ce qu'il faut noter au passage, *le bas prix de ses tarifs* ; — des bénéfices considérables que réalisaient les bateaux anglais, très-semblables à ceux de Boulogne pour l'équipement et l'armement, bénéfices atteignant 10 et 12,000 fr. par mois ; — après avoir dit enfin que les harengs saurs d'Yarmouth avaient conquis le monopole des marchés du Levant et de l'Italie, et que, malgré leur prix plus élevé, ils étaient recherchés jusqu'en Algérie, *à l'exclusion des nôtres,* — l'auteur de la note attribuait cette supériorité à l'excellence de leur préparation *comparée*, remarquons-le, *aux procédés imparfaits de nos ateliers de* NORMANDIE. Dans ces derniers ateliers on se contenterait le plus souvent, suivant l'auteur, de laisser le hareng au roussable pendant 24 à 36 heures, et l'on n'obtiendrait ainsi que des harengs d'une conservation difficile et douteuse, tandis que les saurisseurs d'Yarmouth, *possesseurs d'ateliers montés sur une vaste échelle*, apportent les plus grands soins à leur préparation. Chez eux, le hareng séjourne au roussable pendant au moins douze jours, séparés par des

2.

intervalles d'extinction, et leurs produits bien supérieurs aux nôtres se conservent de six à huit mois.

Faisons tout de suite, pour ne plus avoir à y revenir, cette observation : que, dans tout ceci, l'auteur confond deux choses très-différentes : le véritable hareng saur, qui se prépare avec le hareng *braillé*, c'est-à-dire salé entier et sans être vidé, à la mer, et qui, après avoir été lavé dans sa propre saumure, subit toujours, au roussable, l'action de la fumée pendant dix à douze jours incidentés de chaleur et de quasi-refroidissement, et le hareng *bouffi*, ou *craquelot*, dont l'article 6 de l'ordonnance de 1816 autorise la confection, lequel se prépare avec le hareng frais, très-légèrement braillé, puisque la Douane n'alloue pour cette espèce que 75 kilog. pour 12,240 poissons, au lieu de 155 kil. qu'elle accorde pour les autres, et qui n'étant exposé au roussable que pendant 24 à 48 heures, n'est nullement, en effet, susceptible de conservation.

Quoi qu'il en soit de cette erreur, la note n'en posait pas moins en termes formels cette proposition : que nos préparations de hareng étaient de tous points inférieures aux préparations anglaises, lesquelles devaient à leur mérite la faveur dont elles jouissaient à l'exclusion des nôtres, même sur des marchés tels que celui de l'Algérie où nous devions espérer la préférence.

M. le Ministre du Commerce, préoccupé à bon droit d'un tel état de choses, le signalait à toute votre attention, en vous demandant de porter ce document à la connaissance des armateurs et saleurs, et de lui faire part des observations que cette communication aurait suggérées.

Dès cette époque, MM. les armateurs, presque tous saleurs également, avaient un comité institué, bien que l'autorité supérieure n'en eût pas encore régularisé l'existence. Vos rapports avec lui étaient fréquents, et c'était à lui que la communication revenait de droit. Elle eut lieu dès le 23 février.

Quant à MM. les saleurs non armateurs, ils avaient pour représentants naturels MM. Lebeau et Cie, dont la maison est ici depuis de longues années au premier rang de cette industrie. Copie en fut donc aussi transmise le même jour à cette maison.

Aux uns comme aux autres, vous aviez fait observer que cette communication était digne de la plus sérieuse attention, parce que cette opinion de l'infériorité de nos préparations conduisait à la suppression d'un monopole de fait, dont nos salaisons ne pouvaient continuer à réclamer les avantages qu'à la condition de progresser.

Esprit dans lequel la Chambre conçoit que ces renseignements doivent être étudiés.

—Les réponses qui vous parvinrent affectèrent des caractères très-différents.

Le Comité des Armateurs (27 février) reconnaissait qu'il y avait, en effet, *nécessité urgente d'amener la salaison française à des conditions meilleures de conservation et de préparation si elle voulait établir une concurrence profitable.* Il promettait *tous les efforts possibles pour atteindre ce but.* Il faisait observer d'ailleurs qu'en s'imposant cette tâche, rendue bien difficile par les *routines dominantes*, il n'agirait que dans l'intérêt de cette industrie elle-même, et ne se préoccuperait pas de la crainte d'une introduction des produits étrangers, parce que tout l'avantage dans cette pêche du hareng était pour les Anglais ; que toute lutte était impossible ; et qu'ouvrir nos portes à leurs salaisons serait atteindre d'un coup fatal notre inscription maritime : considération de la plus haute portée qui arrêterait dans cette voie tout gouvernement inspiré par un esprit vraiment national.

Observations du Comité des Armateurs de Pêche de Boulogne sur cette première communication.

MM. Lebeau et Cie., dans leur lettre du lendemain 28, reconnaissaient avec le Comité :

— Que la lutte avec l'Angleterre sur les marchés étrangers était impossible ;

— Que la tenter serait un enfantillage ; espérer de l'emporter jamais, une pure illusion ;

— Que pour nous le prix de revient de la matière première excédait du double, quelquefois du triple, le prix de revient du saurisseur anglais ;

— Que tandis que l'Angleterre, si favorisée par sa position géographique, avait à sa porte, dans ses baies, le hareng en abondance, avec une régularité presque parfaite, en telle sorte

Observations sur le même sujet de MM. Lebeau et Cie, saleurs à Boulogne. Indication de l'utilité d'un abaissement du droit d'entrée sur les salaisons étrangères, comme stimulant de notre propre industrie.

que le poisson n'y faisait que passer, pour ainsi dire, de la mer aux ateliers de salaisons, nous étions, nous, ces déshérités de la nature, contraints d'aller au loin avec de grands bateaux, coûteux d'achat, coûteux d'armement, avec un personnel nombreux, au prix d'une perte de temps considérable, chercher ce même poisson qui depuis 1808 ne visitait plus nos côtes que bien tard et d'une façon très-intermittente.

Mais, d'une part, ces Messieurs contestaient l'infériorité de nos préparations très-explicitement reconnue par le Comité ; — d'autre part, et pour répondre aux ouvertures de la Chambre, ils demandaient, *comme moyen d'activer notre production, des droits d'entrée sur les salaisons étrangères moins lourds que les droits actuels.* Dans cet abaissement du tarif ils déclaraient voir, *une satisfaction donnée à des besoins d'alimentation, lesquels méritent une considération sérieuse, en même temps qu'un aiguillon nécessaire à la pêche nationale, laquelle n'aurait, en fait, rien à redouter d'un droit réduit à 15 francs les 100 kilog., droit qui équivaudrait encore à près de 30 p. % des prix moyens des harengs salés dans ces dernières années.*

Ainsi, aveu d'un côté que nos salaisons sont inférieures, dénégations formelles de l'autre ; — accord entier de vues sur l'énorme supériorité d'avantages de la pêche anglaise ; — conclusion, d'un côté, au maintien absolu de la prohibition, de l'autre, à l'abaissement des droits comme stimulant d'une industrie qui ne faisait pas assez pour elle-même : tels furent les premiers éléments du débat.

Mais avant d'en analyser la suite, il importe ici, Messieurs, d'en exposer les précédents.

---

§ 4. — **Précédents de la proposition d'abaissement des droits.**

Cette proposition de l'abaissement des droits sur les salaisons étrangères n'est pas née d'hier.

Elle a un précédent que l'on n'oubliera de longtemps, dans l'article 9 d'un projet de loi sur les Douanes qui fut présenté le 23 mai 1840 à la Chambre des Députés, et qui ne proposait rien moins que d'admettre au simple droit de 6 fr. des cent kilogrammes tous les harengs salés qui seraient importés par bateaux français du 16 janvier au 14 septembre de chaque année, et même les harengs frais lorsque les bateaux importateurs seraient absents de l'un des ports du Royaume pendant plus de trois jours.

Précédents de cette proposition. — Projet de loi sur les Douanes du 23 Mai 1840—Idée d'un droit de 6 francs des 100 kilog. — Vive opposition qu'elle soulève.

C'était là une proposition radicale. Elle supprimait de fait toute la pêche d'été ; elle compromettait la pêche d'hiver : et livrant sans défense aucune nos marchés à l'invasion des salaisons anglaises, à vrai dire, elle menait à la disparution de cette industrie.

C'est l'honneur de notre Chambre d'avoir combattu alors, avec toute l'énergie possible, cette proposition désastreuse qui devait se reproduire cependant, mais heureusement sans succès, dans l'enquête de 1850, et d'avoir déterminé l'adoption de l'article 9 de la loi du 6 mai 1841, lequel sauvait de sa ruine la pêche d'été.

—La même demande s'est produite ailleurs sous une forme plus réservée.

La loi du 2 Juillet 1836 avait abaissé de 44 fr. à 11 fr. le droit d'entrée des poissons venant de Blanc-Misseron, bureau de l'arrondissement de Valenciennes, jusqu'à Mont Génève. Une loi du 11 Juin 1845, sur les réclamations des ports, déclara que cette réduction ne s'appliquerait plus qu'à partir de Givet. Valenciennes, Condé, St.-Amant, reportées dans la zône du droit de 44 francs, réclamèrent, et leurs plaintes basées sur les besoins de l'alimentation trouvèrent un organe insistant et très-expressif dans la Société d'Agriculture, Sciences et Arts de Valenciennes. (Voir, entr'autres, mémoire d'octobre 1856).

Efforts des villes de la première zône de la frontière de Belgique pour obtenir l'abaissement du droit.

Les départements du Commerce, des Finances et de la Marine s'en occupèrent très-sérieusement.

Opinion des Départements ministériels du Commerce, des Finances, de la Marine, sur leur demande.

Des nombreuses communications qui nous furent faites à ce sujet dans le courant de 1856 il appert, en substance :

1° Que celui du Commerce réservait son opinion ;

2° Que celui des Finances, se fondant surtout sur cette considération que le développement des chemins de fer avait agrandi dans des proportions considérables le nombre possible des consommateurs de poissons frais, et que notre pêche nationale ne pouvait suffire à leurs besoins, estimait qu'il y avait lieu d'accueillir la demande et de réduire de 44 à 22 fr. le droit d'entrée par toute la frontière de terre ;

3° Que le Ministre de la Marine s'y opposait vivement au nom des intérêts de l'inscription maritime et de la faible part que le poisson prenait, et semblait destiné à toujours prendre, dans l'alimentation publique ;

Et 4° qu'à la date du 11 Juillet 1856, enfin, le projet de réduction avait été de commun accord abandonné.

Avis défavorable de la Chambre de Commerce de Boulogne.

Appelée maintes fois à se prononcer sur cette question, notre Chambre avait toujours demandé le rapport de la loi du 2 Juillet 1836, et s'était opposée aussi à toute modification de celle du 11 Juin 1845.

Témoignent de cette persistance ses lettres des 3 Avril 1841, 12 Mars 1844, 14 Août 1848, 29 Juillet 1849, dont les considérations sont toutes venues se résumer dans une délibération du 17 Mars 1856, que nous n'hésitons pas à reproduire ici toute entière :

DÉLIBÉRATION DU 17 MARS 1856.

« La Chambre reçoit de MM. les Armateurs de pêche et de M. le
» Commissaire de la Marine, sous la date des 1er et 14 Mars, com-
» munication de différents documents lesquels se rattachent aux
» efforts faits en ce moment au nom de la Société d'Agriculture,
» Sciences et Arts de Valenciennes pour obtenir la réduction du
» droit de 44 francs des 100 kilogrammes dont est frappé à l'en-
» trée le poisson de pêche étrangère.

» La Chambre, après avoir entendu la lecture de ces
» documents et s'être fait représenter ses précédentes réso-
» lutions sur ce sujet.

» Considérant que l'alimentation publique aurait peu à
» gagner à la mesure proposée de la réduction du droit de
» 44 francs des cent kilogrammes sur le poisson de pêche
» étrangère ;

» Que la mise en activité des chemins de fer reliant à
» l'intérieur les ports de la Bretagne va développer la produc-
» tion du poisson de pêche française dans une proportion
» jusqu'à présent inconnue, à raison de l'absence de débou-
» ché de ces ports qui n'avaient à leur portée aucun marché
» considérable, et que ce surcroît de production suffira,
» sans le moindre doute, à combler les insuffisances qui de
» temps à autre pourraient se manifester.

» Considérant que l'industrie de la pêche maritime n'est
» pas libre, qu'elle impose à ceux qui la veulent exercer
» l'obligation de servir l'État à peu près toute leur vie, et que
» dans ces conditions, dont le maintien est indispensable à
» l'inscription maritime et à notre puissance navale, les
» principes généraux de la concurrence ne sont pas appli-
» cables.

» ARRÊTE: qu'elle déclarera se joindre à S. Exc. M. le
» Ministre de la Marine pour combattre la réduction
» demandée. »

Dans une publication du mois de Février 1858, l'un de nous, M. Lonquéty aîné, reproduit en note cette délibération, et conclut qu'au nom de l'importance de sa mission, et de sa dignité, la Chambre ne voudra pas prêter son concours à la proposition qui lui est soumise et qui ruinerait un tiers de la population Boulonnaise.

Cet avis n'est pas un obstacle sérieux à l'expression d'une opinion contraire, si cette opinion définitive est sage. Différences essentielles entre la question qui se posait alors et celle qui se discute aujourd'hui.

On ne peut pas admettre comme rationnelle une forme de discuter qui a la prétention d'enfermer ses contradicteurs possibles ou supposés dans le cercle d'une opinion antérieure, et de leur défendre d'en sortir au nom de sentiments qui pour revêtir de grands noms n'en sont pas moins tout simplement de l'amour-propre.

Si réellement l'heure d'une réduction du droit sur les salaisons étrangères est venue; — s'il est bien qu'elle soit décrétée; — s'il est vrai que la pêche nationale n'en souffrira pas, et que la mesure ne sera pour elle qu'une impulsion nécessaire vers le progrès trop attardé, qu'importe que la Chambre moins éclairée ait, à une époque antérieure, exprimé une opinion contraire? Il n'y a d'immuable en ce monde que les principes de la morale: les lois de l'économie publique, au contraire, obéissent au mouvement incessant des sociétés ; et les modifier à propos, au gré des faits nouveaux qui s'accomplissent et des besoins qui se produisent, constitue précisément tout l'art de gouverner.

Laissons donc à sa faiblesse ce mode d'argumentation par les opinions passées : et bornons-nous à faire cette remarque que rien ne se ressemble moins que les demandes auxquelles, de 1841 à 1856, notre Chambre avait à répondre, et la proposition nouvelle dont elle est saisie. Il s'agissait là de réduire le droit des trois quarts sur tous les poissons de mer frais sans distinction. Il ne s'agit ici que de rechercher si le droit peut être abaissé sur les salaisons, en vue surtout de stimuler l'activité d'une industrie qui a vécu des siècles sans améliorer ses procédés, et qui, aujourd'hui encore, comme l'exprimait si bien le Comité des Armateurs lui-même, ne veut pas quitter ses *routines dominantes*. La tarification du poisson frais est hors de débat !

------

§ 5. — Analyse des premiers documents contradictoires qui se sont produits dans la discussion de cette proposition.

Suite de l'instruction de la proposition de réduction du droit sur les salaisons.

La lettre du Comité des Armateurs du 27 Février avait été communiquée à MM. Lebeau et Cie, et, par contre, celle de cette maison datée du 28, transmise au Comité, pour avoir des deux parts des avis motivés.

Développement de l'avis de MM. Lebeau et Cie.

MM. Lebeau et Cie répondirent le 6 Avril dans le même sens que leur première lettre quant à l'impossibilité absolue de la lutte avec l'Angleterre, mais en établissant aussi que la prohibition était déplorable ; que dans certaines années, comme en 1856-1857, la rareté du hareng avait eu pour résultat d'en exhausser le prix jusqu'au point de transformer en une consommation de luxe une denrée qui devait être la nourriture de l'ouvrier. Puis, établissant que le prix du hareng salé en Angleterre, pour les dix dernières années, avait été en

moyenne pour cent kilogrammes de . . . . 25 f. 50 c.
auquel il fallait ajouter pour les frais divers jusqu'à
Boulogne. . . . . 4 »

ce qui donnait 29 50

ils déclaraient que le droit de 15 francs décime compris qu'ils avaient proposé d'abord était encore excessif, et que celui de 12 fr., ci . . . . 12 »

qui ferait revenir les 100 kilogrammes à 41 50

était plus que suffisant puisqu'il représentait encore 40 p. %
de la valeur moyenne.

A ce taux, un baril marchand de 125 kil. serait à   51   87
Frais de barillage.   5   »
Main-d'œuvre et frais divers   2   »
Bénéfice 5 p. %   2   »

Total des prix de vente 60   87

prix beaucoup trop élevé encore, suivant eux, pour la nature
de la marchandise, et qui n'avait jamais été dépassé sans qu'il
en résultât pour les intérêts bien entendus de nos marins et du
commerce des salaisons, des conséquences bien plus préju-
diciables que ne pourrait jamais l'être la concurrence étrangère
renfermée dans de justes limites.

Un peu plus tard, ces Messieurs firent parvenir à la Chambre
des renseignements reçus de Peterhead, renfermant des détails
très-circonstanciés sur la préparation des salaisons en Angleterre. Ce qui en ressort de plus saillant, c'est l'économie de
main-d'œuvre que réalisent les Anglais en salant le hareng
par couches superposées de sel et de poisson, dans les barils
mêmes où il doit être expédié ; ce qui, à raison des manipula-
tions diverses que le baril subit, assure mieux que la salaison
en bacs l'uniformité de l'action du sel. Cette pratique est
suivie à Dieppe.

Dans sa réponse du 28 Avril, le Comité des Armateurs, Développement de l'avis contraire du Comité.
sans contester absolument l'exactitude de ces chiffres, fit
observer que le prix de 60 francs le baril était le cours élevé et
non pas le cours normal ;— que dans les années d'abondance

il descendait à 50 francs, qu'on l'avait vu à 40 et 30 francs, et qu'il n'y avait nul besoin de l'appoint des salaisons étrangères pour mettre cette denrée au niveau des ressources de l'ouvrier ; — que la nature toute seule y suffisait. Il ajoutait que dans tous les cas l'économie de un centime au plus par tête de poisson que l'on obtiendrait par l'importation étrangère, économie sensible à la vente en gros, nulle à la vente au détail, ne valait certes pas les dangers que l'on faisait courir à l'inscription maritime par la suppression de la prohibition.

Puis, le 17 Mai, il transmit des renseignements, émanés du vice-consul de France à Lowestoff, desquels il résultait que depuis plusieurs années une pêche du printemps ouvrant en Mai se faisait dans les parages de ce port, — que le hareng y était petit et maigre, — mais qu'il se vendait néanmoins très-bien pour l'intérieur de l'Angleterre, — et qu'il était si abondant que les 180 bateaux de ce seul port avaient pu pêcher seuls près de 160,000 barils, dont le prix de vente n'avait pas dépassé 7 francs.

Calculant ensuite de la manière suivante le prix de revient de ce hareng rendu dans nos ports, savoir :

Vente à l'état frais à Lowestoff	7 f.	» c.
Barillage et salaison.	8	»
Transport à Boulogne	4	»
Droit d'entrée.	12	50
Bénéfice	2	»

Il établissait que le prix à Boulogne serait de . . 33 f. 50 c. et que la consommation en France ne dépassant pas 140,000 barils, le seul port anglais de Lowestoff suffirait à nos approvisionnements, et ne nous laisserait pas même la possibilité d'un seul armement.

Réponse de MM. Lebeau et Cie.—Ils élèvent la discussion par quelques aperçus sur la législation spéciale toute entière. MM. Lebeau et Cie, dans une réplique du 1er Octobre, élevèrent la question. Ils firent observer que l'intérêt politique au moyen duquel on essayait de rendre impossible toute discussion n'était pas tout en France ; qu'en allant au fond des choses on trouvait qu'en résultat il ne répondait qu'à des nécessités de plus en plus exceptionnelles à notre époque de civilisation si avancée, d'adoucissement des mœurs, de relations internationales si actives, et qu'il était temps de se préoccuper sérieusement du grand intérêt de l'alimentation.

Ils dirent que si par le bon marché, joint à la qualité, l'on faisait enfin pénétrer dans nos campagnes, si complètement privées d'aliments substantiels, le goût des salaisons, on ne tarderait pas à voir la faveur dont jouirait cette denrée rendre bien plus à nos marins que ne leur enlèverait la concurrence étrangère.

Ils firent observer que leur proposition ne se séparait pas, d'ailleurs, de tous les moyens qu'il y avait à mettre en œuvre pour rendre la lutte plus facile au pêcheur français.

Ils indiquaient comme améliorations essentielles à réaliser :

— La réduction du nombre d'hommes exigé par les décrets ;

— L'association de bateaux dont les uns serviraient de dépôt aux produits pêchés par les autres ;

— La suppression de bien des entraves fiscales et autres.

Ils ajoutaient que nos marins auraient fort à gagner à l'imitation des pratiques anglaises.

Ils firent observer qu'il y avait de grandes économies à opérer encore :

— Dans la suppression d'intermédiaires souvent inutiles ;

— Dans la réduction notable du prix de transport de la marée sur nos chemins de fer :—ce sera l'une de nos demandes ;

— Dans celle des frais de la halle de Paris, lesquels sont excessifs : — nous la demanderons aussi, sans doute, après de nouvelles recherches sur ce point.

Ils firent entendre qu'une concession de tarif faite à l'Angleterre serait le seul moyen peut-être de la déterminer à se montrer à son tour plus libérale à l'endroit de la Convention de 1839 :—nous n'avons pas cet espoir !

Quant aux produits de la pêche printanière de Lowestoff, produit maigre et sans valeur réelle comparé au magnifique hareng d'Écosse, ils firent remarquer : d'abord, que le prix de revient ne serait pas de 33 fr. 50, mais bien de 39 ; puis, qu'il fallait ajouter à ce prix les frais de garde jusqu'à l'arrivée de la saison de la consommation, les intérêts des avances, les risques de détérioration, ceux de mévente d'une marchandise plus que secondaire; et que ce qui de loin était une sorte d'épouvantail, vu de près perdait beaucoup de sa terrifiante influence.

Ces différentes lettres communiquées à tort n'avaient pas tardé à déterminer dans la presse locale une polémique agressive et personnelle que nous ne suivrons certes pas dans ses regrettables écarts. Au contact des rivalités les meilleures causes se perdent; et c'est donner une triste idée de soi que de ne voir dans tout contradicteur qu'un spéculateur ou un ennemi.

Des indiscrétions plus heureuses avaient été commises ! Toute cette correspondance parvint au Ministère de la Marine où l'intérêt politique et militaire ne domine pas à ce point que l'on y repousse systématiquement toute modification dans le sens des nécessités commerciales. Elle attira l'attention de l'illustre Amiral qui dirige ce ministère, et M. le capitaine de frégate Garnault, l'un des derniers commandants de la station de surveillance, fut par S. Exc. invité à l'étudier et à consigner dans un rapport le résultat de toutes ses observations sur la pêche et sur l'industrie qui en est le complément.

Le 11 Novembre dernier, M. le Ministre de la Marine vous fit parvenir le Mémoire de M. Garnault, daté d'Yarmouth, le 30 Octobre. Dans sa dépêche, S. Exc. faisait ressortir le mérite de ce travail. Elle conviait les Chambres de Commerce, à qui il était communiqué, à *s'élever au-dessus des intérêts locaux*, à envisager les propositions de M. Garnault dans *l'ordre d'idées le plus étendu*, à étudier tous les documents antérieurs, à faire sortir, en un mot, de ce nouvel examen de la législation, des conceptions telles qu'elles pussent à la fois contribuer puissamment à l'accroissement de l'inscription maritime et satisfaire pleinement aux besoins de l'alimentation publique.

S. Exc. informait que, d'ailleurs, ce Mémoire remarquable était adressé à LL. EExc. MM. les Ministres du Commerce et des Finances.

C'était là, Messieurs, vous l'appréciez tous, un libéral programme. Votre Commission s'est efforcée de le remplir et de répondre avec impartialité, conscience et fermeté, à l'attente d'un Ministre, homme de haute raison comme de patriotisme, qui, dégageant lui-même les questions agitées de toutes les entraves d'une législation, ou vieillie, ou transitoire, nous faisait l'honneur de ne poser aucune limite à nos appréciations.

Devoir de la Chambre de Commerce de suivre dans ses études le programme étendu que Son Exc. lui traçait.

---

§ 9. — Examen du Rapport de M. Garnault; — d'un Mémoire en réponse remis par MM. Lebeau et Cie; — de l'Avis du Comité sur le Rapport.

M. le capitaine Garnault, après un rapide exposé de la gravité du sujet qu'il traite et des longues et consciencieuses recherches qu'il s'est imposées en Angleterre, en Écosse, dans nos ports principaux de pêche, auprès des armateurs, saleurs et pêcheurs enfin (moins les Chambres de Commerce toutefois!) divise son Mémoire en trois parties bien distinctes.

Analyse du rapport de M. Garnault.

Première partie. — Dès le début de la première, l'auteur déclare que *dans les circonstances actuelles,* et il souligne le mot, la moindre réduction des droits qu'il appelle *quasi-prohibitifs,* mais qui sont prohibitifs *absolument,* serait *injuste, dangereuse, inopportune.*

Proposition absolue de son début.

Il touche en passant et sans la repousser, on ne peut s'empêcher de le regretter vivement, à cette fâcheuse calomnie répandue, dit-il, dans tous les ports, que les partisans de la réduction ne seraient que des saleurs trafiquants à qui il importerait fort peu d'échanger les bénéfices de leurs salaisons contre ceux de leurs affaires d'importation des préparations étrangères, la ruine de nos pêches et la décadence de notre puissance navale fussent-elles au bout !

Calomnie qu'il eût dû réfuter et non pas accueillir.

Il existe en tous lieux un grand nombre de partisans de la *sage modération des droits;* on ne trouverait pas en France un seul défenseur de la *suppression actuelle du droit pro-*

lecteur, chose tout autre ! M. le capitaine Garnault, qui consacre toute la première partie de son Rapport à faire ressortir les périls de cette *suppression*, combat donc des idées qui n'ont pu naître que du parti pris de juger sans l'entendre le projet d'une simple réduction.

Quoi qu'il en soit, suivons l'honorable Officier dans les développements de sa pensée ; en faisant observer que pour ramener la discussion sur son vrai terrain, il faut effacer de tout son Mémoire les mots : *suppression des droits* qui ne répondent à rien de proposable ni de proposé, et y substituer ceux de : *modération des droits*.

Iniquité prétendue, même de la modération des droits. Erreur de fait qui détermine M. Garnault à l'envisager ainsi.

I.— Cette modération, à son gré, serait *inique* parce que le principe de réciprocité est de rigueur dans toutes les relations internationales, et que, sauf quelques rares exceptions, les Anglais prohibent de la manière la plus absolue l'importation de tout poisson de mer pris par les étrangers, *achetés ou reçus d'eux*, sous peine d'une pénalité rigoureuse et d'une amende de 50 livres sterling. Cela va si loin, ajoute-t-il, « que » nos pêcheurs en relâche forcée ne peuvent pas obtenir de » vendre quelques poissons et sont réduits à emprunter à des » conditions fort onéreuses pour se procurer l'argent nécessaire » à leur situation. »

Nous ouvrons le tarif des Douanes de l'Angleterre, et nous y voyons que le *poisson de pêche étrangère est exempt de tout droit.*

Qu'est-ce à dire ? Le tarif anglais n'est-il qu'un éclatant mensonge, ou l'auteur se trompe-t-il ?

L'erreur vient de lui !

Les pénalités dont il parle n'atteignent pas nos pêcheurs ; elles ne s'appliquent qu'aux pêcheurs anglais à qui il est par leur loi défendu d'acheter du poisson aux étrangers et de l'importer comme produit de leur propre pêche. Il y a des siècles qu'en France nous avons édicté des prohibitions toutes semblables, ainsi qu'on le peut voir dans la célèbre ordonnance de 1681 et dans l'arrêt du Conseil d'État, spécial à la pêche du hareng, du 26 Mars 1687.

S'il est vrai que nos pêcheurs *en relâche* dans un port anglais n'y peuvent vendre leur poisson, c'est précisément parce qu'ils n'y entrent qu'*en relâche*, qu'ils n'y acquittent pas les droits de navigation, qu'ils n'y viennent pas, en un mot, faire une opération de commerce régulière.

II. — La réduction serait *dangereuse* parce qu'elle anéantirait nos pêches nationales.—Cela no serait vrai que si elle était excessive et ne se bornait pas à maintenir le cours de nos salaisons à des taux qui en permissent toujours l'accès aux classes ouvrières, en vue desquelles surtout elles doivent être faites, parce qu'il n'y a de grand marché, et par conséquent d'accroissement possible pour les salaisons qu'à cette expresse condition.

Dangers de cette réduction. — Exagération évidente.

III.— Elle serait *inopportune* enfin, parce qu'elle ne répond pas après tout à un intérêt de premier ordre, auquel il soit bien urgent de donner satisfaction. — Comment les besoins de l'alimentation, la distribution dans nos campagnes et dans nos ateliers d'une nourriture animale presque inconnue, ne seraient-ils pas toujours, à toutes les époques de cherté comme d'abondance des vivres végétaux, une nécessité de premier ordre?

Inopportunité. La cherté des salaisons ne serait pas habituelle. Erreur signalée.

L'*inopportunité* se démontrerait encore par ce fait que le prix de 60 fr. le baril, prix beaucoup trop élevé, M. Garnault le reconnaît, serait exceptionnel.—Malheureusement, c'est le contraire qui est le vrai ; ce prix est l'état *habituel* en France ; et si, à la fin de la saison, des salaisons souvent défectueuses (nous en avons eu récemment de tristes exemples), se donnent à 40, 35 ou même 30 francs, c'est le plus souvent parce que l'exagération des premiers prix a suscité les résistances et les refus du consommateur, et qu'il faut bien ou le ramener enfin par des sacrifices, ou se débarrasser coûte que coûte d'une marchandise périssable que les chaleurs survenantes anéantiraient.

Mais de cet aveu qui échappe à M. Garnault que le prix de 60 francs est beaucoup trop élevé, *et qu'il est vivement à désirer qu'il ne soit jamais atteint*, que faut-il conclure si

ce n'est la nécessité absolue de commander l'abaissement de
ce prix par des mesures telles qu'elles puissent déterminer
une grande extension de la consommation, et donner à nos
pêches et à leurs produits ce qui précisément leur fait défaut,
des marchés multipliés, comme les trouvent chez eux les
produits anglais ; ainsi que le Comité des Armateurs se char-
geait de le démontrer lui-même quand il argumentait des
succès de la pêche d'été de Lowestoff, qui cependant, on peut
l'affirmer, n'a pas donné un seul baril à l'exportation anglaise,
et a trouvé à placer dans l'Angleterre même tous ses produits.

*Les salaisons ne se-
raient pas recherchées
en France. — C'est
précisément ce à quoi
il faut remédier,—par
la bonne préparation
d'abord,—ensuite par
le bon marché.*

« Mais, ajoute M. Garnault, *dans les conditions actuelles
de la salaison en France,* le hareng n'est pas un aliment
recherché. Ce n'est pas l'élévation de son prix qui cause cette
défaveur, car au taux de 670 francs le last, frais de salaison,
barillage et bénéfices du saleur compris (taux bien exceptionnel, nous le faisons remarquer), le baril ne revient en gare
de Paris qu'à 57 fr. 60 c., ce qui représente *un sou* par tête de
poisson. Or, à ce taux, le débitant pourrait le vendre à 6 c.
par tête et faire encore un bénéfice de 25 p. %. Ce dernier
prix n'est pas au-dessus des facultés de nos ouvriers. »

« La défaveur a donc pour cause unique la facilité que
l'ouvrier trouve en France à se procurer un autre genre de
nourriture qui lui plaît mieux. »

—Il y a du vrai dans cette dernière observation. Il est bien
connu que l'ouvrier français préfère, à tout, le pain, sauf à le
frotter avec quelque excitant pour aiguiser son appétit. Mais
cette précaution même qu'il prend prouve assez que s'il avait
à sa portée, à prix très-bas, pour ajouter à ce pain, une
denrée animale saine, bien préparée, satisfaisante à l'œil,
non répugnant à l'odorat, il l'achèterait certes de grand cœur !

Mais outre qu'il se fabrique chez nous une assez forte
quantité de mauvaises salaisons, ce qui n'est pas fait assuré-
ment pour en éveiller le goût chez le peuple, et ce qui ne
démontre que trop que cette industrie n'a pas le plus souvent
de plus grand ennemi qu'elle-même, il est évident que le prix
en est beaucoup trop élevé pour que cette bonne fortune de
la multiplicité des consommateurs se réalise.

M. Garnault se charge de le démontrer.

D'abord, son prix de 670 fr., dont la base est une moyenne de 500 fr. le last de harengs frais, est vraiment l'exception. Le prix de revient au saleur honnête est le plus souvent plus élevé. Il est bien facile de dire qu'en modérant la concurrence d'achat le saleur amènerait le hareng à des prix plus raisonnables; ce n'est pas aussi simple à réaliser. L'abondance de la marchandise modère seule, non cette concurrence d'achat qui est toujours la même à peu près, parce que tout le monde travaille et veut travailler, mais le prix : les hommes, à moins de coalitions coupables, n'y peuvent rien!

Ensuite, si la tête de hareng revient à 5 centimes en gare de Paris, il faut y ajouter les frais de transport au domicile de l'acheteur ou commissionnaire en gros qui habite souvent bien loin de Paris, — le bénéfice de cet intermédiaire nécessaire, — les frais de magasinage jusqu'à la vente au détaillant, — les intérêts de retard. Il faut y ajouter chez le débitant lui-même ses propres frais de transport, de magasinage, d'avances, ses chances de mévente, son bénéfice légitime. M. Garnault dit tout cela ou à peu près. Mais pourquoi donc n'en tire-t-il pas cette conséquence logique que le prix de 5 centimes en gare de Paris est beaucoup trop élevé pour que la consommation prenne jamais de larges espaces; et pourquoi semble-t-il accepter ce prix comme la dernière limite du bon marché réalisable ?

Ici M. Garnault touche à des arguments d'un autre ordre. Selon lui, le débitant serait un invincible obstacle à ce que le hareng en France se vendît jamais en détail au-dessous de dix centimes. C'est un prix fait ! C'est en vain que le colportage du hareng dans nos campagnes occupe une classe assez nombreuse qui l'échange contre les vieux fers, les peaux de lapin, les chiffons; le prix de dix centimes est tellement enraciné dans les habitudes que rien n'y pourra faire ! Il persistera. Il en sera, dit-il, de ce prix comme de celui du sel qui n'a pas baissé d'un centime pour le petit consommateur malgré l'énorme sacrifice de réduction que le trésor a consenti. Le débitant en a seul profité.

La réduction ne profiterait pas au petit consommateur, mais au débitant. — Preuves contraires tirées du prix actuel du sel au détail. — Avantages immenses de notre époque sur celles qui l'ont précédée, et facilités de faire modifier partout les habitudes et pénétrer des goûts nouveaux.

3.

— *Comparaison n'est pas raison!* Aucune analogie n'existe entre la consommation du sel insignifiante pour chaque individu, et la consommation possible d'une denrée qui par sa nature même devrait prendre une grande place dans l'alimentation publique. L'abaissement du droit sur le sel est d'ailleurs d'hier comparativement à la longue durée d'un impôt écrasant qui a habitué en quelque sorte la nation à le payer bien plus cher que son prix. Et il n'y aurait pas eu lieu d'être surpris dans le cas où le sacrifice consenti par le trésor eût mis beaucoup de temps à exercer son influence sur le prix d'extrême détail. Mais il n'en a pas même été ainsi! M. Garnault est mal informé; ce qui certes s'excuse aisément dans un officier supérieur de la marine; car *même au plus petit détail* le sel est descendu à la moitié du prix antérieur à la réduction de l'impôt.

On peut donc affirmer qu'il faudra beaucoup moins de temps encore pour que ce prix de 10 centimes la tête de hareng disparaisse, parce qu'encore une fois l'abondance d'une nourriture animale répond à des besoins plus exigeants que la baisse du prix du sel, restreint aux besoins des ménages.

Et d'ailleurs, si tout ce que M. Garnault dit en cet endroit était exact, qu'en faudrait-il conclure? C'est que tout serait pour le mieux dans le moins mauvais des mondes possibles: — que nous n'aurions tous qu'à nous croiser les bras, — que toutes ces études seraient inutiles. Et cependant tout-à-l'heure vous allez voir avec bonheur l'honorable officier appeler de toutes parts les améliorations, renverser toutes les entraves dont il se plaint avec une si juste amertume. Et pourquoi? En vue du progrès apparemment, progrès qui lui-même n'est possible que par l'extension de la consommation laquelle dépend de la baisse des prix! en telle sorte que par ses conclusions il se charge de mettre à néant ses prémisses!

Il a cent fois raison! Tous ces petits arguments que d'abord il accueille d'où qu'ils lui viennent, ne sont vrais que d'une vérité superficielle et bornée. Oui, cela est exact, on ne change pas en un jour les habitudes de l'ouvrier, pas davantage les pratiques du petit commerce! Mais à la longue on y parvient.

On y arrive d'autant plus aisément de nos jours, que les facilités de locomotion sont plus grandes; — que l'ouvrier, jadis confiné au fond de son canton dont il connaissait à peine les limites, va sans cesse maintenant d'un bout de la France à l'autre bout; — que sous l'action de ce mouvement perpétuel des hommes, leurs coutumes se modifient, leurs besoins se changent. — C'est encore que la publicité est immense, le petit commerce accessible à tout le monde, le moindre hameau doté de quelque boutique d'épicerie, de mercerie, où tout se trouve ou à peu près; — en telle sorte qu'une industrie active, intelligente, désintéressée, honnête, trouve aujourd'hui cent moyens qu'elle n'avait pas autrefois de faire pénétrer sur toute la surface de la France des produits qui, il y a un quart de siècle, ne pouvaient, pour toutes ces raisons de cherté ou même d'absence de moyens de transport, sortir d'un fort étroit rayon.

———

Si donc, Messieurs, de cette *première partie* du Mémoire de M. Garnault l'on retranche toutes les considérations dont le point de départ est dans la fausse idée d'une demande de *suppression des droits*, il ne reste rien de vraiment fondé.

Et il faut bien que nous le fassions remarquer ici pour la sincérité de cette discussion même, il n'y a pas un mot dans tout ce que dit avec tant de raison M. Garnault des conséquences de la suppression, qui ne se trouve exprimé avec une égale énergie dès la première lettre de MM. Lebeau et Cᵢₑ, du 28 Février 1857.

———

Seconde partie. — Avec la seconde partie du Mémoire de M. Garnault nous entrons dans un autre courant d'idées. L'auteur y prépare ses lecteurs en leur faisant remarquer que, bien qu'il vienne d'écrire, le régime de la prohibition n'est pas fait pour toujours durer, et que les tendances les plus légitimes de notre temps sont en faveur de la facilité des échanges. On ne saurait mieux dire ! M. Garnault convie donc la pêche à augmenter la quantité, et la salaison à améliorer la

Belles et justes paroles de M. Garnault sur la nécessité du progrès et la légitimité des doctrines favorables à l'extension des échanges.

qualité de ses produits, en vue de satisfaire à des besoins qui grandissent. C'est précisément ce que nous voulons, et nous allons être bien près de nous entendre.

Rappelant des temps de prospérité commerciale que MM. Lebeau et Cie contestent, mais que l'histoire affirme et dont rendent témoignage les lois de 1791 et de 1793 lesquelles établissent et rapportent la prime de 6 livres à l'exportation en Suisse, Portugal, Italie, le Levant, tous marchés que l'Angleterre nous a enlevés, il attribue les succès de notre rivale *à la supériorité de ses produits*, notre décadence *au peu de soin généralement apporté à leur préparation.*

Suivant lui, les Anglais l'emportent sur nous, non pas dans la salaison du hareng à la mer, car ils ne la font pas, et le caquage de nos pêcheurs; semblable à celui des pêcheurs hollandais, serait au contraire parfait, mais dans la salaison du hareng au blanc faite à terre, la plus importante de toutes.

1º Ils agissent sur un poisson plus frais;

2º Ils salent dans des tonnes incessamment remuées et dans lesquelles la saumure se répartit avec une égalité parfaite, tandis que nous salons dans de vastes bacs de maçonnerie où la saumure ne pénètre pas également dans toutes les couches de poisson.

Ils l'emportent sur nous dans la préparation du hareng *saur:*

1º Parce qu'ils le lavent à grande eau avant de le mettre au roussable;

2º Parce qu'ils l'y laissent pendant douze jours exposé à la *fumée du bois de chêne*, tandis que chez nous le lavage est nul, la fumigation de 24 à 36 heures au plus, et le chauffage fait au bois de frêne mêlé avec du charbon de bois que l'on mouille afin de dégager plus de fumée; donnant ainsi au poisson une couleur plus agréable à l'œil peut-être, mais certainement moins favorable à la qualité du poisson;

3º Parce que beaucoup de saurisseurs peu consciencieux, au lieu d'employer du sel neuf à la préparation de leur bouffi, se font un excédant dont ils profitent, se bornent à jeter le hareng dans la saumure à demi putréfiée qui a déjà servi à préparer le hareng blanc, et trompent ainsi à la fois l'État, l'acheteur, le consommateur.

Ils l'emportent encore par la meilleure qualité de leurs barillages, parce que s'ils n'emploient pas le bois de chêne dont se servent les Hollandais, ils se servent de bois d'aulne ou d'aure, de bouleau, de mélèze ; nous, de frêne quelquefois, bois très-dur qui retient bien la saumure mais qui la noircit, et le plus souvent de hêtre, essence poreuse qui la laisse au contraire échapper. 4° Barillage de meilleure qualité.

———

—Toute cette partie technique du Mémoire de M. Garnault a été, de la part de MM. Lebeau et Cie, l'objet d'un examen fort étendu. Observations de MM. Lebeau et Cie sur cette partie technique du Mémoire de M. Garnault.

De toutes les causes d'infériorité que l'honorable officier indique, ils n'en admettent comme bien fondées que quelques-unes : Dissentiments sur quelques points.

—L'absence de propreté chez quelques saleurs ;

—L'exiguïté de certains ateliers ;

—Le manque, pour les salaisons à terre, d'un hareng aussi frais que celui qu'ont à leur disposition les saleurs anglais : aussi recommandent-ils avec force de tout faire pour favoriser les salaisons à la mer ;

—La fraude coupable, mais chaque jour plus restreinte, de quelques petits saurisseurs trop lents à reconnaître que les bénéfices de la transgression des lois ne valent pas les risques qu'elle fait courir, et sont plus que compensés par la dépréciation de la marchandise qu'elle entraîne.

Ils affirment que le reste de nos préparations vaut celles de l'Angleterre ; en tenant compte de cette différence toutefois que les Anglais travaillent pour l'exportation, ce qui exige une longue garde ; que nous ne travaillons que pour une consommation intérieure bien plus prompte, et admettant une salaison moins forte, une dessication moins entière, comme plus favorables au bon goût de la denrée.

Ils attestent que le charbon de bois ne s'emploie point au barillage, mais à cet égard ils nous semblent mal instruits de ce qui se passe dans certains ports où, en effet, l'on réduit les gros copeaux de tonnellerie en charbons de bois employés à la fumigation du hareng.

Ils signalent la confusion, dont nous avons déjà parlé, qu'a faite M. Garnault entre le *franc-saur* qui est en France soumis au même temps de séjour à la corresse que l'est le saur anglais, et le *bouffi* ou *craquelot*, lequel correspond aux *Yarmouth blooters* de l'Angleterre et se fume tout aussi légèrement.

Ils ajoutent que le hêtre est en France préféré au frêne par toute la clientelle des acheteurs, et qu'un baril de hêtre bien travaillé ne laisse rien à désirer sous le rapport de la conservation du poisson.

L'absence de toute exportation, la faiblesse de la consommation intérieure, tout cela pour eux ne tient pas à ces causes relativement secondaires que M. Garnault signale, mais à l'absence de suffisante importation pour amener la baisse des prix.

Avis mixte de la Commission.

A notre sens, M. Garnault et ses contradicteurs ont chacun à leur point de vue raison.

Sans nul doute, si la salaison en mer, bien qu'elle fasse de très-remarquables progrès, prenait une plus grande place encore dans les préparations ; — si les apports de poissons frais étaient plus abondants, toutes ces petites causes d'infériorité que M. Garnault signale disparaîtraient bientôt, entraînées dans le vaste courant d'opérations que déterminerait une régénération aussi complète de cette industrie. Mais les indiquer avec la franchise qu'il y a mise, eût-il même commis quelques erreurs de détails, n'en est pas moins un vrai service rendu à une industrie qui a retenu beaucoup trop encore de ses anciennes pratiques des économies de sel et de la fraude ; conséquences inévitables de l'immunité consentie sans garantie suffisante de surveillance à une époque d'excessive élévation de l'impôt du sel.

Excellence de nos sels français constatée, et conclusions de M Garnault sur les salaisons.

Après avoir, en passant, dit quelques mots en faveur de nos sels de la Méditerranée et de l'Ouest qui conviennent parfaitement à nos salaisons, M. Garnault aborde la législation au point de vue de ces mêmes détails techniques qui l'ont arrêté si longtemps, et il demande :

1o Réglementation des barillages.

1° Que la confection des barillages sur laquelle le décret

du 8 Octobre 1810 est muet soit elle-même réglementée (il ne dit pas en quels termes) ;

2° Que les préparations diverses de la salaison soient mieux surveillées ;

2° Surveillance plus sévère des salaisons.

3° Que les allocations de sels pour les harengs saurs et les harengs bouffis soient les mêmes, et que la quotité en soit élevée de 155 kil. pour les uns et 75 pour les autres, par 12,240 harengs, à 200 kil. indistinctement ;

3° Allocations de sels augmentées.

Et 4° que les allocations de sel pour les préparations du saur se fassent désormais, non plus sur le pied du nombre de harengs, mais sur celui de leur poids.

4° Base différente d'allocations pr les saurs.

MM. Lebeau et Cie contestent en principe l'utilité des deux premières demandes, redoutant pour l'industrie privée ces réglementations excessives dont le moindre inconvénient n'est pas de n'être presque jamais observées. Ils approuvent la troisième. Ils ne se rendent pas bien compte de l'utilité de la quatrième qu'en effet M. Garnault n'a pas pris la peine de justifier.

La Commission dira plus loin ce qu'elle en pense.

————

Troisième partie. — Dans la troisième partie M. Garnault examine d'un point de vue fort élevé la législation de 1852. Il croit le moment venu de modifier cette législation et d'accorder :

Conclusions de M. Garnault sur la pêche elle-même.

1° Toute liberté de se livrer à la pêche du hareng du 15 Mai au 15 Juillet ;

1° Ouverture dès le 15 Mai.

2° La liberté de faire deux voyages du Nord du 15 Juillet au 15 Octobre ;

2° Faculté de deux voyages.

3° L'illimitation, ou du moins l'accroissement de l'allocation du sel pour la pêche d'Yarmouth ;

3° Illimitation du sel pour Yarmouth.

4° La suppression entière, ou du moins l'extension de 3 à 5 jours du délai d'absence du port que détermine l'article 3 du décret du 23 Mars 1852.

4° Plus long délai imparti pour les retours avec harengs frais.

MM. Lebeau et Cie trouvent ces concessions ou trop faibles ou trop hardies. Suivant que la marine de l'État possède ou ne possède pas des moyens sûrs d'empêcher la fraude de l'achat, il faut, suivant eux, ou maintenir avec sévérité la législation de 1852, ou lever toute restriction de sel et de temps.

————

Avis du Comité. — Invité de son côté à vous faire connaître quel était son avis sur ce Rapport de M. Garnault, le Comité des Armateurs de Pêche, dans un Mémoire du 24 Décembre 1857, lui donne sur presque tous les points une complète approbation.

Quant à la *première partie,* il se borne à déclarer que dans sa pensée, à quelque époque qu'elle ait lieu, l'introduction du poisson de pêche étrangère sera la ruine de notre pêche nationale : il repousse donc comme inadmissible l'hypothèse entrevue par M. Garnault d'une future et plus ou moins prochaine réduction des droits.

Dans la *seconde,* se rapprochant de l'opinion de MM. Lebeau et Cie, ils déclarent que les préparations anglaises ne sont supérieures aux nôtres qu'en ce sens : que faites pour l'exportation elles ont une durée plus longue. Mais il pense que les nôtres, moins saturées de sel et de fumée, sont plus agréables et conviennent mieux telles qu'elles sont à la consommation intérieure, la seule qu'elles puissent ambitionner.

Le barillage, à Boulogne du moins, est par lui déclaré en progrès.

Quant à la *troisième partie,* non seulement il approuve toutes les demandes, mais allant au delà, il sollicite la *suppression de toutes distinctions entre les saisons, aussi bien que de l'obligation de retour au port à des époques déterminées qui en serait la conséquence.*

————

§ 7. — Note de M. Lonquéty sur le même sujet.

————

Enfin, Messieurs, notre collègue M. Lonquéty aîné, en même temps président du Comité des Armateurs de Pêche, a, sous la date du 28 Février 1858, fait imprimer sur ce sujet une Note déjà mentionnée qui a reçu une assez grande publicité.

C'est un résumé très-bien fait, écrit avec une remarquable modération, de tous les arguments défavorables à la réduction du droit d'entrée.

Nous n'en pourrions présenter l'analyse sans tomber dans de fatigantes redites : il suffit à l'impartialité de notre travail que nous signalions ici cet écrit qui se trouve dans les mains de tout le monde. Notre devoir est de ménager ce qui peut vous rester d'attention après un aussi long examen pour le concentrer sur l'opinion, que, tantôt à l'unanimité, tantôt à la simple majorité de ses membres, votre Commission s'est faite de tout cela.

---

§ 8. — Opinion de la Commission.

1° *Abaissement du droit d'entrée: la majorité le consent à 30 fr. — Considérations qui l'y déterminent.*

Aussi étrangère à l'armement qu'à l'industrie de la salaison; — sûre de son impartialité; — n'ayant à subir ni la pression des personnes, ni les suggestions souvent involontairement dominantes d'aucun intérêt privé; — convaincue que la France n'a pas de plus grand intérêt politique à servir que celui du maintien de sa puissance navale, et ne voulant rien qui la puisse affaiblir; — pleine de sympathie pour la population maritime dont elle estime au plus haut degré l'existence toute vouée au travail et au pays, la majorité de votre Commission n'a cependant pas eu un seul instant d'hésitation!

Position de la majorité tout-à-fait indépendante — ni armateur — ni saleur. — Impartialité complète. — Importance pleinement reconnue par elle des intérêts de la flotte. Avis néanmoins de la réduction du droit.

Après avoir tout lu, tout étudié, tout médité dans le calme de sa conscience, elle n'hésite pas à dire que le moment est arrivé de faire sortir toute cette industrie de ses pratiques séculaires et de la relever de sa décadence inévitable par le stimulant de la concurrence étrangère.

Conditions. Des ména-
gements, du temps.—
Rien d'excessif même
dans le vrai. -Propose
le droit de 30 fr. parce
qu'elle le sait prohi-
bitif.
Mais à cette innovation, comme à toutes celles de ce genre, il faut de sages ménagements et l'action lente mais inflexible du temps.

Elle n'a donc admis ni le taux de 10 francs des 100 kilog., proposé un jour par MM. Lebeau et Cie, parce qu'à aucun prix elle ne consentirait à une expérience aussi radicale, ni celui de 15 francs auquel ces Messieurs n'ont pas tardé à revenir, ni même celui de 20 francs, parce que l'épreuve lui paraîtrait trop inquiétante encore, et *qu'elle ne veut pas même que l'on alarme les intérêts en cause.*

Utilité incontestable de
la réduction proposée.
Elle propose le droit de 30 francs ! Non qu'elle ne le sache tout-à-fait prohibitif encore à l'égard des salaisons, mais au contraire, parce qu'elle le reconnaît tel ; — mais parce qu'au moyen de cette réduction d'un quart du droit, le Gouvernement fera entrer enfin toute cette grande industrie dans la voie des réformes sérieuses ;—parce qu'il lui fera comprendre que l'immobilité dans un tarif datant de 1791 n'est pas un droit dont elle puisse se prévaloir, — qu'elle aura désormais à prendre souci d'autres intérêts que de ses calculs nous dirons personnels ;—et qu'il lui est commandé de se préparer à vivre quelque jour de cette vie de lutte et de concurrence vers laquelle notre Gouvernement pousse visiblement, mais avec sagesse, toutes nos industries, au grand bonheur de notre pays lequel doit à ce système un développement inouï de sa puissance productive comme de son activité commerciale.

———

Nous savons à l'avance tout ce que l'on peut nous dire de la vie exceptionnelle du marin, de sa longue consécration au service de son pays, de ses périls, de l'inscription maritime et de ses exigences ; rien de tout cela ne nous convaincra que le *statu quo* soit acceptable : et nous avons la conviction que régénérer nos pêches par une meilleure législation douanière, réglementaire et fiscale, est le plus grand service que l'on puisse rendre à ces intérêts que l'on dit supérieurs avec tant de justesse.

Si quelque chose pouvait nous affermir dans nos convictions,

ce serait le langage même du Comité des Armateurs gourman
dant presque l'honorable M. Garnault de l'indépendance de
jugement qui l'a déterminé à écrire ces mots si vrais : « les
» tendances *légitimes* de notre époque sont à la facilité des
» échanges , et le régime de la prohibition n'est pas destiné à
» durer toujours.» On ne veut pas même de cette perspective
d'avenir, si lointaine qu'elle soit ! N'est-ce pas assez montrer
qu'il n'y a presque jamais rien à attendre des intérêts privés en
fait de raisonnables concessions ; et que c'est au Gouvernement
à les dominer et à les pousser malgré eux, s'il le faut, vers les
améliorations réalisables, en vue de leur propre salut, en vue
du bien public avec lequel ils ne savent pas assez compter.

La majorité de la Commission propose donc ce chiffre transactionnel de trente francs comme une utile manifestation de
principes et de volonté, et elle supplie la Chambre de s'y tenir.

Elle répète d'ailleurs qu'il ne saurait en aucune façon être
ici question du poisson frais. L'importation de cette espèce de
poisson, provenant de l'Angleterre seule, au droit de 44 francs
des cent kilogrammes décime compris, a suivi dans ces dernières années la marche que résume l'état suivant :

Elle n'atteint pas le poisson frais. Pourquoi ?

IMPORTATION DE POISSONS DE MER, AUTRES QUE LES MORUES,
venant d'Angleterre, presque entièrement à l'état frais.

ANNÉES.	QUANTITÉS IMPORTÉES PAR LES DIFFÉRENTS PORTS.		ANNÉES.	QUANTITÉS IMPORTÉES PAR LE PORT DE BOULOGNE SEULEMENT.	
	ARRIVÉES.	MISES En Consommation.		LES QUATRE Premiers Mois.	L'ANNÉE ENTIÈRE.
		KIL.		KIL.	
1852	»	»	1852	»	»
1853	50,380	42,933	1853	30,201	37,410
1854	24,833	15,372	1854	8,009	8,775
1855	85,001	81,509	1855	23,308	78,223
1856	69,584	56,519	1856	27,070	45,819
1857	(Non publié.)	»	1857	0,632	37,307
1858	»	»	1858	7,823	»

Nous voyons bien par cet état qu'abstraction faite de l'année
1855, que l'Exposition a rendue exceptionnelle, il y a décroissance marquée. Mais il ne faut pas perdre de vue que les

poissons importés ainsi appartiennent sans exception aux espèces de luxe, les turbots, les soles, les maquereaux, c'est-à-dire à celles qui, atteignant le plus haut prix de vente, donnent le plus de bénéfice aux pêcheurs : et votre Commission ne serait pas disposée à donner plus d'aliment à une concurrence étrangère qui, sans ajouter beaucoup aux ressources de l'alimentation publique, et, par conséquent, sans servir un grand intérêt général, tendrait à disputer à notre population maritime le plus clair seulement et le plus certain de ses profits.

2° *Mesures diverses proposées pour l'amélioration de la législation.*

Réformes qui en sont l'occasion.

Mais une semblable proposition ne peut pas être isolée. Tout le monde le pressent et le dit : M. Garnault dans tout le cours de son rapport ; MM. Lebeau et C^le dans leurs lettres et dans leur Mémoire ; le Comité des Armateurs ; M. le Ministre de la Marine dans sa belle dépêche du 11 Novembre ! Nous avons donc à reprendre d'un peu haut toute cette législation que nous avons résumée au début de ce Rapport, et à essayer d'indiquer de quelles modifications elle nous semble susceptible.

Respect de la Convention de 1839. Age viril de la pêche dont elle déterminera la naissance.

I.—CONVENTION DE 1839.—Le premier texte que nous rencontrions est la Convention de 1839 pour la délimitation des pêcheries. Dès les premiers jours de son existence, notre Chambre l'a dénoncée comme une grande faute diplomatique ; et elle n'a cessé de la considérer comme telle jusqu'au jour où elle a vu le Ministère de la Marine tout entier la défendre dans l'enquête de 1830, et des officiers du mérite, du patriotisme et de l'expérience de MM. de Maucroix et Foullioy s'associer à cette défense sans aucune réserve, au nom, soit des règles du droit des gens, soit du véritable intérêt de notre marine.

Depuis lors, la Chambre n'en a plus parlé qu'avec une extrême réserve ; comprenant qu'il y avait pour la juger d'autres points de vue que ceux auxquels elle s'était placée jusqu'alors, et que de l'application sévère de cette Convention pourrait bien dater ce que nous appellerons l'âge viril de notre pêche côtière.

Votre Commission, à qui a été renvoyée la pétition du Comité des Armateurs et Patrons de pêche, datée du 10 Mai 1858, tendant à obtenir de notre Gouvernement que ses croiseurs ne s'associent pas aux croiseurs anglais dans la répression des infractions commises à cette Convention, ne vous proposera donc pas, Messieurs, d'appuyer cette demande.

Ce serait une démarche inutile, parce que l'Angleterre est dans son droit;—elle serait compromettante, parce que la tolérance sur ce point de la part des croiseurs anglais et des nôtres aboutissant droit au retour du déplorable régime des achats, nous n'arriverions qu'à compromettre et retarder pour longtemps encore la prospérité d'une industrie qui doit rompre décidément avec toutes ses vicieuses traditions, et se régénérer courageusement au sein du travail libre, à l'abri d'un droit d'entrée assez élevé pour lui donner, dans une large proportion, le bénéfice du temps ; assez mobile, après une première réduction toute de principe, pour faire comprendre que la plus grande activité sera nécessaire.

La pétition ne saurait être appuyée que dans celle de ses demandes qui tend à obtenir que nos pêcheurs ne soient jamais troublés dans le libre exercice de leur industrie, dès qu'ils ne se trouvent pas en-dedans des limites interdites. La Chambre, à cet égard, peut se reposer avec confiance sur la sollicitude du Département de la Marine et la patriotique vigilance de MM. les officiers de la station. Si nos pêcheurs ne doivent posséder que *leur droit*, il importe d'autant plus qu'on ne leur ravisse *aucune part de ce droit*.

II.—Lois et dispositions de réglementation intérieure. —A. *Régime du sel*. Il n'y a pas au monde, nous l'avons fait remarquer dans notre exposé, d'industrie plus réglementée que celle de la salaison ! C'est le prix très-élevé, très-dur à notre sens, dont elle paie cette immunité du droit du sel qu'elle a toujours sollicitée avec plus d'ardeur que d'intelligence de ses vrais intérêts et surtout que de désintéressement.

Réforme du régime du sel. Allocations illimitées de sel pour toutes les salaisons à la mer sans exception. Suppression de l'immunité pour les salaisons à terre, tant que la taxe ne sera que de dix francs.

Personne n'osera nier que, tant que le droit sur le sel fut maintenu au taux excessif de 30 francs, il ne se soit fait en

France des masses énormes de détestables salaisons, parce que beaucoup n'achetaient du hareng que pour avoir du sel et s'enrichir par la fraude. Il faut en grande partie attribuer à cette triste période la défaveur des salaisons en France. Le Gouvernement à cette époque a commis une grande faute en ne mettant pas à cette immunité si libérale l'expresse condition que toutes les salaisons se prépareraient dans un atelier unique, placé sous la clef de la Douane.

Personne, même aujourd'hui que la taxe du sel est à dix francs, ne doit dire que la fraude ne se fait plus. Qu'elle soit relativement insignifiante, qu'elle ne donne plus que de faibles bénéfices, nous l'accordons. Il n'en reste pas moins vrai — d'une part — que la fraude d'emploi de vieilles saumures, pour faire des économies de sel, se fait encore par beaucoup de petits saleurs, entraînés à cela par de funestes traditions, et — d'autre part — que la surveillance de la Douane et des syndics est impuissante à l'empêcher, contrainte qu'elle est de se diviser entre une multitude d'ateliers. Cette fraude pèse ainsi encore sur nos salaisons et détermine de mauvaises confections qui sont la plaie de l'industrie loyale.

Il y a donc un parti radical à prendre pour extirper cette lèpre attachée aux flancs de ce commerce. Il faut ne plus accorder d'immunité que là où elle n'est pas dangereuse, où elle rendra les plus grands services, c'est-à-dire pour les salaisons à la mer; il faut la supprimer pour les salaisons à terre; et, pour ces salaisons à la mer, il convient d'accorder le sel en quantités illimitées.

Le nouveau régime constituera une véritable prime d'encouragement pour cette salaison en mer, faite à l'heure même de la prise du hareng, que tous les documents, de quelque côté qu'ils viennent, proclament supérieure à toute autre, et capable même par l'excellence de ses produits de raviver seule en France le goût perdu des salaisons.

La fraude en mer n'est pas possible. Nous n'avons jamais bien compris pourquoi, lorsque nos ports et nos côtes sont si bien gardés, l'Administration des Douanes avait tant de peine à consentir des allocations pour les salaisons de cette espèce, et se faisait en quelque sorte arracher les quantités livrées dix kilogrammes à dix kilogrammes, considérant le peu plus, le peu moins, comme une sorte d'affaire d'État.

Craint-on qu'à la mer nos pêcheurs n'aient trop de sel et qu'ils n'en vendent? S'ils se bornent à cela, tant mieux pour nos salines. S'ils l'échangent contre du poisson étranger, ils pourraient tout aussi bien échanger de l'argent. La crainte est donc sans portée.

Quant à la fraude possible au retour, soit par l'insertion d'une trop forte quantité de sel dans les salaisons, soit même par le déchargement de barils entiers de sel sans mélange de poisson, les vérifications que prescrivait l'article 31 du décret du 11 Juin 1806 suffiront toujours à la réprimer.

Votre Commission ne se serait décidée à demander le maintien de l'immunité pour les salaisons en atelier qu'autant que la création d'un atelier unique dans tous les ports de salaison eût été possible aujourd'hui. Facile en 1806, à l'époque de l'octroi de cette immunité des sels, eu égard au petit nombre d'ateliers qui existait alors, cette mesure si sage ne l'est plus aujourd'hui. Il y aurait trop d'ateliers à fermer, trop de dépréciation imposée à des propriétés acquises en vue de l'existence de ces mêmes ateliers. Il faudrait dans chaque port un atelier trop vaste, aux abords de cet atelier des dégagements trop considérables ! Possible peut-être pour la salaison proprement dite, la concentration de tous les ateliers ne l'est plus pour le saurissage. Il y faut donc renoncer !

La Commission fait observer, d'ailleurs, que la taxe du sel n'étant plus que de 10 fr. des cent kilogrammes, la suppression de l'immunité ne grève le baril de hareng de 122 kilog. nets que d'une charge de 3 fr. 30 c. environ; dépense insignifiante et plus que compensée par les franchises et les libertés que nous allons réclamer pour cette industrie si minutieusement réglementée encore.

Dans le cas, Messieurs, où le Gouvernement ne croirait devoir ni accorder cette délivrance de sel sans limitation et en franchise pour toutes les salaisons à la mer, — ni supprimer

Conclusions subsidiaires de la Commission Elévation de toutes les quantités de sel.

l'immunité pour les salaisons à terre, il y aurait lieu d'examiner les propositions *accessoires* soit de M. le capitaine Garnault, soit du Comité des Armateurs et Patrons de Pêche, lesquelles se formulent ainsi :

1° Élévation des quantités pour les salaisons dites de hareng blanc ;

2° Assimilation pour ces quantités des *harengs francs saurs* aux *bouffis* et *craquelots*, et élévation uniforme à 200 kilog.;

3° Remplacement pour le saur du nombre par le poids pour la détermination de ces quantités ;

4° Élévation de 100 à 120 kilog. par tonneau de jauge pour la pêche d'Yarmouth.

30 kil. pour les harengs blancs.

Sur la première de ces propositions, la Commission a été d'avis que pour en finir avec les incessantes réclamations de l'industrie il convenait d'élever de 27 à 30 kilog. l'allocation en franchise par 100 kilog. de harengs blancs.

Maintien d'une différence d'allocation sur les différentes espèces de harengs saurs.
Craquelots . . 100 k.
Demi-prêts. . 155
Francs-saurs. 180

Sur la seconde, partisans de l'élévation des quantités, elle n'a point pensé qu'il fallût assimiler les différentes préparations de harengs saurs, comme le faisait le décret du 8 Octobre 1810. Elle estime, au contraire, que c'est avec raison que l'ordonnance du 30 Octobre 1816 les a différenciées, parce que le moindre degré de saumure concourt, en fait, avec la moins longue exposition à la fumée, à donner à chaque mode de préparation un caractère propre correspondant à la durée de sa garde.

Seulement, comme depuis cette dernière ordonnance, la pratique s'est établie de faire des *saurs* d'une qualité intermédiaire entre les francs saurs et les craquelots, et désignés dans le commerce sous le nom de *demi-prêts*, elle pense qu'il convient de donner pour cette espèce plus de sel que pour les craquelots, moins que pour les saurs.

Elle proposerait donc les allocations suivantes :

Craquelots, — pour 12,240 poissons — 100 kilog.

Demi-prêts,   d°.   d°.   155 »

Francs-saurs,   d°.   d°.   180 »

Maintien pour toutes les espèces de saurs de l'allocation sur le pied du nombre.

Cette formule même indique assez qu'elle ne croit pas avec M. le capitaine Garnault que le décret de 1810 ait commis une faute en allouant pour les préparations au roussable le sel sur le pied du nombre de poissons. L'erreur de l'honorable officier vient de ce qu'on lui a laissé ignorer les précédents législatifs, et de ce qu'il a pensé que le compte de la Douane s'établissait avant le saurissage, tandis qu'il ne se règle qu'après.

Le premier décret, celui du 11 Juin 1806 (art. 56), réglait les quantités sur les usages établis.

A raison de l'extrême variété de ces usages et des différences de situation qui en étaient la suite, cette prescription ne pouvait être que provisoire.

Le 17 Mars 1807, le Ministre des Finances fixa l'allocation pour les saurs à 15 kilog. par quintal métrique. C'était adopter la base du poids.

Dès le 6 Décembre 1808, après une soigneuse enquête de l'Administration des Douanes, le même Ministre décida que cette base était vicieuse, parce que le hareng saur étant d'autant plus léger qu'il était mieux sauri, la fixation au poids encourageait la mauvaise confection. L'allocation fut donc déterminée par le nombre, soit 151 kilog. pour 12,240 harengs *saurs*.

M. Garnault ne donne aucune raison plausible d'un retour au système de 1807. Votre Commission ne pense pas qu'il y a lieu de l'adopter.

Quant à la quatrième demande, la Commission est unanime pour réclamer l'élévation à 150 kilog. par tonneau de jauge pour la pêche d'Yarmouth : 120 kilog. ne sont pas assez, et il y a longtemps que Du Hamel du Monceau a fait cette remarque qu'à la mer mille accidents causaient une perte considérable de sel dont il fallait tenir grand compte si l'on ne voulait pas contraindre le pêcheur ou à ne faire que des préparations vicieuses ou à revenir mal à propos à son port de départ. — Nous n'avons pas fait un pas en avant depuis que ces judicieuses observations ont été formulées par cet écrivain trop peu lu, car il a tout dit.

Délivrance de 150 kil. par tonneau de jauge pour la pêche d'Yarmouth.

B. *Réglements pour la fabrication et la vente des sa-*

Affranchissement de l'industrie des salaisons,

4.

laisons. — Cette industrie des salaisons est, au nom de la bonté de ses produits, soumise, comme nous l'avons dit, à un contrôle et à des précautions d'une extrême minutie, qui semblent un legs du moyen-âge et du système des corporations. Nous ne sachons pas qu'il y en ait un autre exemple dans l'industrie moderne ; et, chose étrange! loin de songer à l'en affranchir, d'excellents esprits proposent d'y ajouter encore, comme le fait M. Garnault, lequel regrette que le décret du 8 Octobre 1810 *ne dise rien du barillage* sous le rapport de sa *confection.*

Nous pensons, Messieurs, que l'on rendrait à cette industrie un très-grand service si au lieu de la tenir ainsi à la lisière, au prix de continuelles ruses tentées par elle pour s'en affranchir, telle que cette marque à feu, qui donne naissance à tant de fraudes, on la livrait à l'indépendance du droit commun.

Il y aurait à cela d'autant moins d'inconvénients que ce droit commun, fortifié enfin par l'excellente loi du 23 Mars 1851, est d'une grande sévérité, et que les infractions auraient pour les auteurs des conséquences parfois très-graves.

Nous voudrions voir borner la réglementation à ces seules mesures :

1° Obligation pour tout saleur de marquer ses barils de son nom en toutes lettres et de celui de sa résidence, non comme signe de la supériorité de la marchandise, mais comme simple mesure de police destinée à permettre la répression de toute tromperie sur la qualité de la marchandise ;

2° Détermination de la capacité et du poids du baril vide et plein et de la quotité de saumure à y laisser. En d'autres termes, fixation du caractère marchand du baril.

A cela près, *travail libre,* chacun en agissant dans ses préparations au gré des besoins de sa clientèle et de ses préférences.

Le Gouvernement n'hésitera pas à en décider ainsi, s'il veut bien remarquer que l'Angleterre ne connaît aucune de ces prescriptions minutieuses de l'arrêt du 23 Mars 1765, du décret du 8 Octobre 1810, de l'ordonnance du 14 Août 1816,

—l'abandonner au régime du droit commun

de nos réglements locaux, — et que cependant ses salaisons nous sont proposées pour modèle !

III. — DÉCRETS DE 1852. — Faut-il maintenant, Messieurs, abandonner dès aujourd'hui au domaine de l'histoire les deux décrets des 28 Mars et 7 Juin 1852, et, comme le demande M. le capitaine Garnault, permettre une saison de pêche du printemps — deux voyages à celle d'Écosse, etc., — ou même, comme le sollicite le Comité des Armateurs, supprimer toute cette distinction des saisons qui n'est vraiment qu'arbitraire et qui impose aux pêcheurs des obligations de la valeur desquelles on ne se rend pas bien compte, et ouvrir la mer en tout temps à nos marins ?

Décrets de 1852. — Législation excellente, mais à la condition de n'être que transitoire. — Liberté de la pêche réclamée, à la condition de la mise à la disposition du Ministère de la Marine de moyens suffisants de surveillance.

Sur ce point, l'avis unanime de votre Commission est aussi net qu'il se peut brièvement exprimer !

A ses yeux, toute cette législation de 1852 n'est qu'une législation de circonstance. Elle est mauvaise en soi, puisqu'au fond elle n'est rien autre chose que cette limitation de la pêche du hareng que les caprices de la nature se sont de tous temps complu à prendre en flagrant délit de non sens.

Mais avec tous ses défauts, elle vaut mieux que le régime de l'achat.

Si donc le Département de la Marine peut répondre qu'avec la mer libre, il saura bien empêcher le retour de ce régime déplorable, nous n'hésitons pas, il faut la liberté !

S'il n'ose pas assumer sur lui cette responsabilité, il faut maintenir telle qu'elle est cette législation, sauf à réviser les dispositions relatives au nombre d'hommes, que de bons juges considèrent comme trop considérable, et partant trop onéreux aux armements.

———

Ajournement de l'examen de quelques questions secondaires.

Quelques autres améliorations à introduire ont appelé l'attention de la Commission. Ce sont :

1° La réduction du prix de transport sur les chemins de fer ;
2° Celle des droits à la halle de Paris ;

3° Celle du tarif d'octroi de certaines villes, qui, ainsi que celui de Besançon par exemple, ne laissent plus la faculté d'y placer nos salaisons;

4° Les encouragements à donner à la fabrication des filets mécaniques en coton.

Ses opinions ne sont arrêtées qu'à l'égard de la première demande. Elle réserve les autres pour un travail ultérieur et spécial.

---

§ 9. — Résumé.

Résumé des opinions et vœux de la Commission.

Tout ce long rapport peut se résumer ici en quelques lignes :

1° En ce qui concerne l'abaissement demandé des droits sur les salaisons étrangères,

Deux membres de la Commission sur quatre proposent l'abaissement à 30 francs : l'un d'eux demande l'abaissement à 15 francs, un autre le maintien du droit de 40 fr.

2° En ce qui concerne la Convention de 1839,

A la majorité de trois contre un, elle est d'avis qu'il n'y a pas lieu d'approuver la pétition du Comité des Armateurs tendant à déterminer notre Gouvernement à ne pas se montrer exigeant sur le respect des limites. Elle ne veut rien de plus que la maintenue des droits de nos pêcheurs que déterminent les Conventions diplomatiques.

3° En ce qui concerne le sel : — *à l'unanimité*, la Commission demande :

— La délivrance du sel en quantités illimitées pour les salaisons à la mer, à quelque époque et dans quelques parages qu'elles aient lieu ;

— La suppression de l'immunité pour les salaisons à terre.

Secondairement, et dans l'hypothèse de la non-adoption

des deux mesures précédentes, à la même *unanimité* elle demande :

30 kilog. pour 100 kilog. de harengs blancs;
100 » pour 12,240 craquelots ;
155 » pour 12,240 demi-prêts;
180 » pour les francs-saurs,

repoussant l'idée du retour au système de la substitution du poids au nombre quant aux préparations par le saurissage ;

150 kil. par tonneau de jauge pour la pêche d'Yarmouth.

4° En ce qui concerne la réglementation du travail des salaisons, à la même *unanimité* elle demande :

— La suppression de toute mesure réglementaire non nécessitée par les exigences de la loyauté commerciale et de l'hygiène publique.

— La révision de tous les règlements généraux et locaux dans cet esprit.

5° En ce qui concerne les décrets de 1852, *unanimement* aussi elle réclame :

— Leur modification dans le sens de la plus complète liberté de la pêche, si le Département de la Marine estime que ses moyens de surveillance suffisent à empêcher le retour de la fraude des achats ;

— La révision de l'article 7 du décret du 7 Juin 1852 en ce qui concerne le nombre d'hommes d'équipage ;

— Le strict maintien d'ailleurs de toutes les mesures d'armement et de surveillance propres à assurer la sincérité de la pêche.

6° Accessoirement enfin, elle propose de solliciter l'intervention du Gouvernement à cette fin d'obtenir de toutes les Compagnies de Chemins de fer de grandes réductions sur les prix de transport des poissons frais et salés.

Se réservant d'entretenir ultérieurement la Chambre, — de la halle de Paris, — des octrois, — des filets de coton.

Il vous appartient maintenant, Messieurs, de vous prononcer.

Les Membres de la Commission,

LOUIS FONTAINE, JULES LEBEAU, LONQUÉTY AINÉ, WATBLED-HÉNIN.

LA CHAMBRE,

Ouï la lecture du Rapport dont la teneur précède :
A raison de l'heure avancée,
En remet la discussion au Jeudi 20 Mai.

———————

SÉANCE DU 20 MAI 1858.

———

II. — DISCUSSION DU RAPPORT DE LA COMMISSION.

———

III. — RÉSOLUTIONS DE LA CHAMBRE.

———

M. le Président rappelle que cette réunion a pour objet la discussion des conclusions de la Commission des Pêches et le vote sur chacune d'elles.

Il propose d'en intervertir l'ordre et de réserver pour la fin la proposition de *réduction des droits* qui, à en juger par la division des suffrages au sein de la Commission, semble devoir déterminer les plus longs débats.

Cette proposition est adoptée.

En conséquence, la discussion s'ouvre sur la pétition relative à la Convention de 1839.

M. LONQUÉTY AINÉ. — Je ne comprends pas que la pétition du Convention de 1839. Comité puisse être repoussée. Ce n'est pas à nous à faire la police de limites qui nous sont contraires. Laissons agir les Anglais qui n'ont que trop d'intérêt à les maintenir et s'en acquittent fort bien sans notre aide.

M. JULES LEBEAU. — Un traité existe ; le Gouvernement manquerait à ses devoirs en prenant un engagement quelconque de ne pas réprimer les délits commis par ses nationaux ; et une Chambre de Commerce ne peut pas, sans compromettre son caractère et sa dignité, solliciter un tel engagement. Le plus sage parti à prendre est, au contraire, de n'en point parler et de laisser agir notre croisière dans toute son indépendance. Elle saura bien faire la part des circonstances, et fermer d'elle-même les yeux quand les contraventions ne seront pas de nature à soulever des plaintes.

M. LE PRÉSIDENT opine dans le même sens.

M. L. FONTAINE. — Il faut bien fixer la pensée de la Commission. Elle ne veut pas plus que M. Lonquéty que les croiseurs anglais chassent nos pêcheurs au-delà des limites, mais pour que nos croiseurs puissent imposer aux stationnaires britanniques le respect de nos droits, il faut qu'ils concourent de bonne foi à faire respecter aussi les droits de nos rivaux. Toute autre conduite aboutit aux plus dangereuses discussions.

—La question mise aux voix, les conclusions de la Commission sont adoptées *à la majorité de 6 voix contre 1.*

II. — Les deux propositions principales de la Commission Sel.—Conclusions principales. comprenant :
— La délivrance du sel en quantités illimitées pour toutes les salaisons à la mer ;
— La suppression de l'immunité pour les salaisons en atelier.

Sont adoptées, sans débats, à l'unanimité, *sous toutes réserves néanmoins, pour le cas où l'impôt du sel serait augmenté.*

III. — Les propositions secondaires concernant aussi le régime Conclusions secondaires du sel, dans l'hypothèse de la non-adoption des deux précédentes, et comprenant :

— La délivrance de   30 kil. pour 100 kil. de harengs blancs.
—   »   de 100   »   pour 12,240 harengs craquelots.
—   »   de 155   »   pour 12,240 harengs demi-prêts.
—   »   de 180   »   pour 12,240 harengs francs-saurs.

— Le maintien de ce dernier mode de détermination des quantités pour tous les harengs traités au roussable.

— La délivrance de 150 kil. par tonneau de jauge pour la pêche d'Yarmouth.

Sont adoptées à la même *unanimité.*

Révision des réglements concernant la préparation des salaisons. IV. — Les propositions concernant la révision de tous les réglements ayant pour objet la préparation des salaisons, et demandant la réduction de toutes ces mesures à :

— La marque à feu pour simple constatation de la provenance,

— La détermination du caractère marchand du baril dans les termes actuels de l'Ordonnance du 14 Août 1816,

Sont aussi adoptées à l'unanimité, avec recommandation particulière d'une grande sévérité dans le maintien des prescriptions relatives à la capacité des barils, attendu que des tolérances abusives ont été consenties dans certains ports.

Législation de 1852. V. — Les propositions relatives à la modification de la législation de 1852 dans le sens de la plus complète liberté de la pêche et de la suppression des divisions saisonnaires, mais avec maintien sévère de toutes les autres prescriptions propres à garantir la réalité et la loyauté de la pêche, sauf réduction du nombre d'hommes d'équipage,

Sont adoptées à la même unanimité, sous la réserve de la mise à la disposition du Département de la Marine de moyens suffisants de surveillance pour réprimer toute fraude d'achat.

Réduction des droits. VI. — La discussion s'ouvre ensuite sur la question de *réduction des droits.*

M. JULES LEBEAU. — Le chiffre de 30 francs des 100 kil. proposé par la majorité de la Commission est tout aussi prohibitif que celui de 40 francs. Il n'y a donc pas d'abaissement réel. Les intéressés ne seront pas longs à s'en apercevoir, et le stimulant de la concurrence étrangère, que je tiens pour essentiel dans tous les genres d'industrie, n'existera point. Les conclusions de cette majorité vont à l'encontre de ses vues.

30 Francs des 100 kil., auxquels il faut ajouter les 2 décimes, donnent pour le brut de 144 kil. . . . . 51 f. 85 c.

Transport, assurance, commission . . . . . 5 »

Voilà . . . 56 85

de droits sur une marchandise qui ne doit jamais valoir plus de 60 francs, et qui, M Garnault le dit lui-même, à ce prix est beaucoup trop chère. Vraiment, est-ce raisonnable? Entrera-t-il jamais un seul kilogramme de salaisons étrangères? Et sommes-nous incités à améliorer nos produits de peur que le monopole ne nous échappe?

A 15 francs, comme je le propose, le droit par baril est encore de. . . . . 25 f. 92 c.

Frais . . . . 5 »

Si l'on admet que les Anglais peuvent nous vendre en moyenne au prix de 25 fr. les 125 kil., enveloppe comprise, ce sera pour 144 kilog. 36 40

Soit, pour le prix de revient du baril. . . . 67 32

Ce sera trop encore ; mais au moins la hausse excessive qui, à certains moments, porte le baril de salaison, non seulement de primeur, mais de pleine saison, à 80 fr. et au-delà, sera maintenu; et l'on ne verra pas une denrée qui, encore une fois, dans l'intérêt même de notre marine, doit devenir l'aliment habituel de l'ouvrier, n'être en quelque sorte qu'une consommation de luxe.

Ce que je réalise par le chiffre que je propose, c'est l'agrandissement du marché; l'agrandissement du marché, c'est l'extension de nos pêches; conséquence, l'accroissement de notre marine, dont je suis aussi jaloux que quelque citoyen que ce puisse être.

M. Lonquéty. — Vous vous méprenez à la pensée de la majorité de la Commission. Elle ne veut pas plus que moi que les salaisons étrangères puissent, dans l'état actuel de notre pêche, entrer en France. Si elle propose un abaissement de 10 fr. que je repousse, c'est à titre d'avertissement! Elle ne veut pas que le taux de 40 francs, en d'autres termes que la prohibition absolue puisse être considérée comme un régime immuable. La seule différence entre elle et moi, c'est que je maintiens que ce régime doit être et rester le droit commun de nos pêches, et que leur salut est à ce prix.

M. LEBEAU. — L'expérience prouvera contre vous. L'industrie
de la pêche ressemble à toutes les autres ; il y a des progrès inces-
sants à y faire : et il n'en est pas une en France qui n'ait dû à ce
stimulant de l'intervention possible de l'étranger de grandir dans
des proportions que nul n'eût osé lui promettre. C'est aussi faire
trop peu de cas de nos marins que de les croire inhabiles ou prêts à
déserter leur profession au premier effort exigé d'eux pour mieux
faire. Je me répète pour que ma pensée soit bien comprise : ce
que je veux , ce n'est pas l'introduction en abondance des salaisons étrangères, c'est prémunir l'industrie nationale contre ses
propres défaillances et ses aveugles entraînements ; — c'est réduire
et régulariser les prix par l'abondance de la marchandise ; — c'est
étendre le marché par cet abaissement même et le nivellement du
taux de vente ; — c'est le mettre à l'abri des fluctuations extrêmes
dont le résultat le plus sûr est de restreindre la consommation.
N'avons-nous pas vu cette consommation tellement réduite par les
hausses exagérées qu'une grande quantité de marchandises res-
tait *invendue* : une véritable débâcle survenait alors, et nos marins
en payaient les frais, car on ne leur offrait plus qu'un prix in-
suffisant de ce que d'abord on leur avait payé trop cher.

Je veux encore une fois parer à ces fluctuations excessives
qui sont la plaie des affaires. D'un côté, j'empêche la trop grande
hausse par la possibilité de l'importation étrangère ; mais par
suite aussi, je mets un terme à ces baisses successives qui sont
le désespoir de l'homme de mer et qui ont toujours pour cause
première, non pas l'extrême abondance de la marchandise au
début de la saison, mais son prix trop élevé et par suite l'arrêt
de la consommation. Tel est mon but, et j'ajoute que l'ouvrier ne
s'adresse en fait de denrées qu'à celles dont il sait le prix à peu
près régulier, et, bien entendu, à la portée de ses ressources.

M. LONQUÉTY. — Je ne méconnais pas la nécessité d'accroître la
consommation , mais je dis que notre pêche nationale mieux
réglementée y peut suffire. Je demande qu'avant d'innover on
attende au moins les résultats que va donner l'ouverture des
chemins de fer aboutissant aux côtes de la Bretagne et de la Ven-
dée. Il en va sortir un accroissement de production considérable
qui seul maintiendra à un degré satisfaisant le niveau des prix.
Nous n'avons nul besoin pour cela d'avoir recours à l'étranger
qui par ses énormes moyens de production dominerait et absor-
berait à l'instant notre marché.

M. LE PRÉSIDENT. — Ne laissons s'égarer, dans ce débat, aucune des données de la question. L'idée de la réduction des droits ne se sépare point de celle de l'affranchissement de nos pêches.

Liberté de pêcher en tout temps ;

Illimitation du sel à la mer ;

Matériel de pêche acquis à meilleur compte ;

Liberté absolue du travail à terre ;

Suppression de toutes entraves et surveillances inutiles ;

Suppression de charges nées de ces entraves elles-mêmes ;

Abandon au commerce du soin de faire justice des mauvaises préparations, et au droit commun fortifié comme il l'est aujourd'hui de celui de réprimer et punir les fraudes ;

Frais de transport et de halles réduits ;

Droits d'octroi abaissés ;

Tel est le régime nouveau dans lequel nous voulons, avec M. Garnault lui-même, faire entrer toute cette industrie, et c'est de ce point de vue tout nouveau qu'il faut juger la proposition.

Croit-on sérieusement que nos pêches ainsi régénérées et protégées aussi longtemps qu'elles en auront vraiment besoin par un droit bien calculé, n'auront pas une vitalité assez puissante pour lutter avec succès contre l'invasion des produits étrangers? On en a dit autant de toutes nos industries sans exception: le même cri de détresse est entendu à chaque changement de nos tarifs dans le sens d'une plus grande liberté des échanges internationaux. Mais à chaque fois aussi l'évènement a démenti ces prédictions sinistres. Je ne crois pas plus à l'anéantissement de nos pêches sous la protection d'un droit rationnel qu'à celui de nos draperies, de nos filatures, de nos forges, sous le même régime. Ce sont là les exagérations habituelles de tous les intérêts que l'on veut contraindre à sortir de la quiétude où ils se complaisent, sans souci de l'intérêt général qu'ils n'aperçoivent même pas.

Précisons! Les Anglais pêchent dans leurs baies ; ils pêchent avec de petits bateaux peu coûteux d'armement. Ils ont le sel à bas prix. Nous pêchons, nous, au loin, avec des bateaux coûteux de construction, coûteux d'armement, et le sel, même en franchise, nous revient un peu plus cher. Voilà les avantages de nos rivaux ! Mais suffit-il que le poisson soit dans les filets du pêcheur anglais et dans l'atelier du saleur pour qu'il se trouve sur nos marchés? Non certes. Après toutes les préparations qu'il doit subir à terre et qui sont plus coûteuses que les nôtres, parce que la main-d'œuvre est en Angleterre à plus haut prix que chez nous; il faut l'embarquer sur de grands navires cette fois, il faut faire le voyage d'importation, acquitter dans nos ports des droits de navigation fort élevés, qui sont aussi des droits protecteurs puisque nos pêcheurs en sont exempts, s'adresser à des intermédiaires dont il faut rémunérer les soins et services, subir des droits de courtage, faire des frais de consommation et autres pendant le déchargement;—il faut ensuite retourner chez soi, sur lest le plus souvent. Ne sont-ce pas là des frais considérables dont il convient de tenir compte, et n'est-il pas évident que dans cette lutte, forts chez eux, les Anglais seraient faibles ici.

Voilà le vrai !

Cela étant, j'estime que la pensée de la Commission a dû être, à la fois, d'ouvrir la porte aux salaisons étrangères et de réserver néanmoins aux nôtres la meilleure part du marché; et je me demande si elle n'a pas été trop timide, et si, comme l'a dit l'un de ses membres, ses conclusions ne sont pas en opposition avec ses principes.

Je proposerais donc le chiffre *transactionnel* de 20 francs que nous avons vu adopter dès 1804 et se maintenir jusqu'en 1816. Il correspond encore à 34 fr. 56 c. du baril sans les frais ! De bonne foi, n'est-ce pas assez ! Et quand je demande ce chiffre, ce n'est pas que je ne sois convaincu avec M. Lebeau que celui de 15 fr. serait suffisamment protecteur; mais c'est uniquement parce que je veux faire dans une juste mesure la part des inquiétudes à tort répandues ici.

N'oublions pas non plus une considération essentielle. Nous voulons la réduction des prix de transport, celle des droits de halle et d'octroi. Sur quoi nous appuyer avec certitude du succès quand nous formulons ces vœux, si ce n'est sur la plus grande abondance de la marchandise à transporter et à livrer à la consommation ? Aux compagnies et aux municipalités montrons l'appoint des salaisons étrangères venant suppléer régulièrement, dans toutes les années de faible abondance, à l'insuffisance possible de nos pêches; convainquons-les que leurs ressources ne souffriront pas de l'abaissement des prix et des droits, compensé qu'il sera par les quantités voiturées et consommées, et nous aurons cause gagnée.

Prenons garde dans l'hypothèse contraire de ne rien obtenir

puisque nous n'aurons rien à donner en échange du sacrifice demandé.

M. WATBLED. — La pensée de la majorité de la Commission est très-exactement rendue dans le Rapport. Elle sait fort bien que le droit de 30 francs est prohibitif encore, et c'est pour cela même qu'elle l'adopte. Mais un avertissement aura été donné à l'industrie nationale. On aura provoqué chez elle des améliorations et des progrès qui amèneront un surcroît de production. Nous ne voulons pour le moment rien de plus.

M. BLANZY. — J'approuve hautement cette pensée de la Commission! N'oublions pas que les fortunes engagées dans une industrie s'effraient aisément :— prenons garde d'alarmer les intérêts et de faire se porter ailleurs des capitaux que l'on a déjà quelque peine à retenir dans un commerce dont les besoins seuls de notre flotte viennent à tout instant contrarier les entreprises, indépendamment de toutes les entraves d'une législation dont nous demandons aujourd'hui la réforme. Essayons du régime de la liberté de cette industrie, voyons ce que la pêche deviendra dans cette existence nouvelle; mais ne demandons pas tout à la fois. Epreuve faite, on avisera.

M. JULES LEBEAU. — Soit, mais encore faut-il qu'il y ait épreuve. Or, elle ne sera sérieuse que le jour où par la crainte de se voir disputer le marché, nos armateurs, nos marins, nos saleurs, concourront tous avec une même ardeur aux progrès de leur industrie. Je ne crains pas cette défection des capitaux dont on nous menace. Il y aura toujours en France une population nombreuse vouée traditionnellement à la pêche, et les capitaux ne cesseront pas de venir en aide à ces robustes bras. Sans doute, des nécessités d'ordre public attachent toute cette patriotique population au service de nos vaisseaux, mais pourquoi ne pas faire cette remarque que l'état de guerre sera plus que jamais l'exception et que les tendances du gouvernement sont toutes favorables au maintien de ce que j'appellerai les cadres de la pêche, c'est-à-dire à l'exemption de service en faveur des patrons qui en sont l'âme.

Raisonnons donc de cette industrie comme de toute autre, car toutes ont leurs charges, et trouvent dans la nature des choses des compensations qui leur suffisent.

Or, il est impossible de ne pas reconnaître avec moi que le droit de 40 francs est, que l'on me permette l'expression, tout à fait absurde. Tout droit précisé suppose une possibilité d'introduction de la marchandise tarifée. Sans cette supposition, il n'y a de rationnel et de sincère que la *prohibition* elle-même. Or, 40 francs c'est la prohibition, moins le mot; — 30 francs, je l'ai démontré, c'est exactement la même chose. Le chiffre même de 20 francs avec les accessoires est prohibitif.

Nous n'aurons donc rien fait !

M. BLANZY. — Si par le mot absurde vous voulez exprimer que ce droit est prohibitif, je tomberai, si vous le voulez, d'accord avec vous : le droit de 40 francs est absurde. Eh bien! celui de 30 francs sera d'un quart moins absurde, et vous m'accorderez bien que c'est un progrès ; car nous nous rapprochons de la limite où l'importation deviendra possible. Cette importation, nous la faciliterons s'il le faut, mais à l'heure propice, mais alors que nous aurons relevé notre industrie nationale de toutes les causes de faiblesse qui n'ont que trop longtemps pesé sur elle. Je ne veux pas voir se fermer un de nos ateliers. D'ailleurs, qui se plaint de la situation ?

M. L. FONTAINE. — Les Anglais, nous l'avons vu dans l'enquête de 1850 et dans les documents servant d'annexe aux Rapports de M. de Montaignac, ont des ressources immenses comme d'immenses capitaux. Leurs salaisons ont envahi tous les marchés étrangers, elles en ont chassé jusqu'aux produits si estimés de la Hollande qui n'a plus que ses colonies et son territoire Européen pour alimenter une industrie qui a fait jadis sa fortune. L'esprit d'association, si puissant en Angleterre, est capable de ce qui semble impossible, et il ne me surprendrait pas que même au droit de 30 francs, en se coalisant et au prix de sacrifices lourds sans doute, mais dont l'invasion de notre marché serait la magnifique récompense, les Anglais pussent nous faire dès aujourd'hui concurrence. En conséquence, soyons prudents jusqu'à l'excès, c'est de beaucoup le plus sûr; ne réduisons nos droits que lentement; expérimentons bien chaque réduction consentie, et ne courons aucune aventure.

M. LE PRÉSIDENT. — Je m'étais donc mépris sur la pensée de la Commission, en lui attribuant l'intention de rendre dès aujourd'hui possibles, dans une juste mesure, les importations de salaisons étrangères. Ce qu'elle demande au fond, c'est le maintien de la prohibition, sauf un pas fait vers un régime plus en harmonie avec les tendances à bon droit nommées légitimes de notre temps.

Eh bien! je prétends que cette concession est sans portée, qu'elle sera inefficace, qu'elle n'exercera aucune influence, et je ne puis m'empêcher de regretter une aussi extrême timidité.

La crainte de l'invasion de nos marchés par les Anglais même à un taux prohibitif de 30 francs, je ne saurais vraiment la partager. Je déclare impossibles à réaliser ces coalitions dont on nous menace : aucun homme pratique ne peut admettre la possibilité de ce concert de tous les ports et de tous les intéressés dans chaque port pour s'imposer et se répartir des sacrifices sans limites appréciables. Cet argument a fait son temps. Ouvrez les enquêtes industrielles, et voyez si ce que l'on vient d'en dire n'est pas l'écho de prédictions toutes semblables faites à chaque mutation de nos tarifs de Douanes. Se sont-elles jamais réalisées?

On perd toujours de vue, quand on raisonne ainsi, qu'à moins de s'être lié par un traité le gouvernement reste toujours le maître de ses tarifs; qu'un décret suffit à rétablir le lendemain le droit abaissé la veille; et que les Anglais qui sont avant tout des gens de bon sens et d'habile calcul ne se hasarderont jamais à subir des pertes énormes pour dominer passagèrement un marché qui, à tout instant, pourrait leur être fermé.

S'ils avaient et ces ressources inépuisables qu'on leur prête, et cet esprit d'aventure qu'on leur attribue, ils ne se seraient pas arrêtés devant une somme de dix francs du quintal de plus ou de moins, et il y a longtemps que leurs capitaux se seraient coalisés, comme on le dit, pour nous livrer leurs salaisons.

Pourquoi ne l'ont-ils pas fait, si ce n'est parce qu'avant tout ils savent réfléchir et compter? parce que le succès, s'il était partiel, ne rachèterait pas leurs sacrifices, et s'il était complet, ne ferait que déterminer des rigueurs de tarification capables de défendre notre pêche menacée d'anéantissement. On n'édifie pas de pareilles spéculations sur des bases aussi mobiles que celles-là, quand on a pour adversaire un intérêt national de premier ordre que l'on sait devoir être à tout prix sauvegardé.

Que l'on ménage les intérêts, certes, j'y souscris, mais les principes ont bien leur valeur, et dans le vote de la Commission je les vois sacrifiés encore une fois.

On a demandé : Qui se plaint? Mais c'est la consommation qui se plaint, mais les départements ministériels les plus considérables s'en sont vivement préoccupés, le rapport de la Commission l'atteste lui-même.

On redoute la simultanéité des deux réformes, — réforme du tarif, — réforme de la législation. Mais l'une et l'autre selon moi se serviraient d'appui ; et si le but que nous voulons atteindre, la régénération de nos pêches, peut être rapidement et sûrement conquis, c'est précisément par cette simultanéité de mesures dont à tort on s'effraie.

On parle de la fermeture possible de nos ateliers. Cela est d'une exagération évidente. Nous ne cesserons pas plus de saler et de pêcher, que les Anglais n'ont cessé de cultiver leurs terres après le bill des céréales qui a enrichi les fermiers dont on prédisait la ruine, et qui de bonne foi en étaient épouvantés ; — car nos pêcheurs ne cesseront jamais d'aimer le métier de leurs pères, de savoir bien ce métier, de disputer à leurs rivaux ces richesses immenses que la nature crée pour eux, et qu'elle amène encore bien souvent vers nos côtes, bien que l'on en dise.

J'estime donc que le chiffre de 20 francs est rationnel, et que l'adopter, en même temps que nous sollicitons des réformes si essentielles, sera rendre un double service à la pêche, à notre pays.

M. BLANZY. — Je ne suis pas allé jusqu'à dire que tous nos ateliers se fermeraient. J'ai dit qu'il y aurait trouble, perturbation, inquiétude, désertion possible d'une partie des capitaux engagés dans la pêche. Ma pensée n'a pas été plus loin. Quant à la simultanéité des deux réformes, je maintiens qu'il est peu prudent de faire marcher de front une baisse de droits qui permette l'introduction des salaisons étrangères et l'adoption de mesures que l'on regarde comme devant apporter une grande amélioration dans la situation de notre pêche nationale. En industrie, en effet, les résultats favorables d'une innovation ne se font pas toujours sentir instantanément. Il faut quelquefois un temps fort long pour qu'ils se produisent. Il faut tenir compte des difficultés que l'on éprouve à se servir des moyens nouveaux, souvent même à les bien comprendre ; il faut considérer, qu'en raison de leur nature ou des frais qu'ils nécessitent, ces moyens ne peuvent parfois être adoptés que successivement.

Il pourrait donc arriver que les avantages que l'on espère retirer des mesures nouvelles se fissent attendre fort longtemps encore, tandis que l'on arriverait immédiatement par l'abaissement trop prononcé du droit à jeter la perturbation dans une industrie qui a droit à des ménagements infinis.

Du reste, j'entends parler beaucoup de progrès à déterminer dans la méthode de nos pêches, mais j'attends encore que l'on me signale avec précision ce qu'elles peuvent améliorer dans leur pratique.

M. JULES LEBEAU. — Mais sur tous les points !

— Nos filets sont les moins avantageux que l'on puisse employer; les Anglais se servent de filets de coton dont des échantillons nous ont été présentés, parfaits de confection, de solidité, de durée même, à ce que l'on assure, bien que minces et dissimulés en quelque sorte dans l'eau, à ce point que le poisson ne semble pas les apercevoir.

— Nos cordages sont très-défectueux, bien que vendus fort cher.

— Nous faisons la pêche au loin et nous n'avons pas appris à nous associer, les uns pêchant, les autres préparant et rapportant les produits.

— Nous opérons de perpétuels retours au port, et nous gaspillons ainsi le temps qui a une si grande valeur en industrie.

N'est-ce pas une liste assez longue déjà, et que de détails on pourrait y ajouter, indépendamment des vices de la législation !

M. BLANZY. — Soit, mais laissons faire nos pêcheurs. Ne les alarmons pas. D'eux-mêmes, en voyant la législation se transformer, ils entreront dans la voie des réformes utiles, et les vices signalés disparaîtront.

M. LONQUÉTY. — Ce tableau est beaucoup trop chargé : il sort du vrai. Visitez nos bateaux dont le tonnage s'augmente toujours, vous les trouverez dans les meilleures conditions. Consultez les Commissions de surveillance des armements, elles vous diront que notre matériel de pêche est aussi bon qu'il puisse l'être. Est-ce notre faute si les filets de coton sont prohibés ?

Dans tous les cas et pour résumer mon opinion, je pense qu'au lieu de demander aujourd'hui la réduction des droits et conséquemment l'introduction des salaisons étrangères, mieux vaudrait demander d'abord que l'on fournît à nos pêcheurs les moyens de produire davantage, et qu'au lieu de les renfermer dans une législation hérissée d'entraves on accordât graduellement à la pêche la liberté illimitée sans distinction d'époques ni de saisons. Voilà l'épreuve qu'il faut tenter avant tout ; et si elle ne réussit

B.

pas, alors, mais seulement alors, on pourrait aviser à proposer d'autres mesures.

M. LE PRÉSIDENT. — On vient de parler de la prohibition des filets de pêche. Voilà, surprise sur le fait, l'une des œuvres de ce régime! Notre chanvre est cher, nos filets relativement défectueux; nos filatures de coton ne fabriquent pas de filets qui seraient plus économiques, d'emploi plus profitable, et même, à ce que l'on assure, de plus longue durée. L'une de nos plus importantes industries n'en est pas moins réduite, de par une interdiction qui ne profite à personne, à ne pouvoir réaliser chez elle une amélioration capitale. Quel enseignement!

Nous reviendrons sur ce sujet.

Pour aujourd'hui, la discussion me semble complète, et je propose de passer au vote.

———

Les différents chiffres discutés sont successivement mis aux voix.

Le droit de 15 francs des 100 kilog. *sur les salaisons seulement*, est *rejeté* par 8 suffrages contre un;

Celui de 20 francs est *rejeté* par 6 voix contre 3;

Celui de 30 francs est *adopté* par 8 voix contre une.

Le droit actuel maintenu sur le poisson frais.

———

LA CHAMBRE, après ce vote:

1° Exprime à l'unanimité le vœu que le Gouvernement veuille bien intervenir auprès de toutes les Compagnies de chemins de fer à cette fin d'obtenir d'elles, dans l'intérêt supérieur de la Marine, de très-notables réductions sur les prix de transport de la marée fraîche et des salaisons.

2° Ajourne l'examen des questions relatives aux droits de halles, — aux droits d'octroi, — aux filets de coton.

Ces trois points seront l'objet d'une étude spéciale dont les résultats lui seront communiqués ultérieurement.

Pour extrait conforme:

Le Secrétaire-Membre de la Chambre de Commerce,

DEMARLE AÎNÉ.

OBSERVATIONS.

I. — *Au moment où s'achève l'impression de cet écrit, nous lisons au* Moniteur *du* 12 Juillet 1858, *dans le compte-rendu du résultat de la Commission permanente des valeurs, instituée près le Ministère de l'Agriculture, du Commerce et des Travaux Publics, ce qui suit :*

« POISSONS. — *Baisse de prix.* — Grâce aux nombreuses voies
» de fer, Paris semble réservé à devenir un grand centre
» d'exportation de poisson frais pour l'Allemagne, la Suisse,
» etc. ; il approvisionne de marée nos départements et même
» nos ports du Midi. Les chemins de fer déterminent, en outre,
» un résultat digne de remarque : ils vulgarisent la consomma-
» tion du poisson frais au détriment du poisson salé, du hareng,
» par exemple, autrefois l'un des aliments à bon marché des
» classes pauvres et dont elles commencent à désapprendre
» l'usage, parce qu'il se maintient depuis plusieurs années à un
» prix élevé. »

Ces remarques officielles confirment avec trop d'autorité tout ce qui est dit dans ce Mémoire sur la situation de nos salaisons et la nécessité absolue de leur rendre par le bas prix, joint à une meilleure qualité, le marché qu'elles perdent, pour que nous ne les reproduisions pas.

II. — *Depuis l'impression de la première feuille, M. le Directeur-Général des Douanes et des Contributions indirectes a bien voulu nous faire savoir que désormais les résultats généraux de la pêche et de la salaison du hareng prendraient place dans le Tableau annuel du Commerce de la France que publie son administration, et que ces résultats y seraient consignés à partir de 1852.*

Les regrets exprimés page 14 n'ont donc plus d'objet ; et voilà enfin élevée au rang de nos grandes pêches une industrie qui, à tous les égards, par le nombre de navires et d'hommes qu'elle emploie, par la distance à laquelle elle s'exerce, par l'importance des capitaux qu'elle exige, méritait cette distinction et cette publicité.